Allitera Verlag

AF001615

Wolfgang Günter Lerch, Jahrgang 1946, studierte Germanistik, Philosophie und Islamkunde. Er unternahm zahlreiche Reisen in den Orient und begleitete archäologische Explorationen, vor allem in die Türkei und Syrien. Von 1978 bis 2012 war er als Redakteur bei der FAZ für den Bereich Nordafrika und Naher Osten zuständig. Von ihm stammen zahlreiche Buchveröffentlichungen zum Thema Islam, darunter »Muhammads Erben« (1999) und »Denker des Propheten. Die Philosophie des Islam« (2000). Im Allitera Verlag sind auch »Die Laute Osmans. Türkische Literatur im 20. Jahrhundert« (2003), »Händler, Mullahs, Autokraten. Aus den Ländern des Islams« (2003), »Zwischen Steppe und Garten. Türkische Literatur aus tausend Jahren« (2008) und »Wie eine Perle im Ozean. Türkische Kultur und Literatur in Mittelasien« (2011) erhältlich.

Wolfgang Günter Lerch

Poesie und Geschichte

Über den türkischen Dichter Yahya Kemal Beyatli

Allitera Verlag

Weitere Informationen über den Verlag und sein Programm unter
www.allitera.de

Mai 2013
Allitera Verlag
Ein Verlag der Buch&media GmbH, München
© 2013 Buch&media GmbH, München
Umschlaggestaltung: Heidi Keller, München
Printed in Germany
ISBN 978-3-86906-500-7

Die Poesie ist die Muttersprache des Menschengeschlechts.

Johann Gottfried Herder

Inhalt

**Leben mit Geshichte –
Die »Aufhebung« der Vergangenheit durch Dichtung** 9

Zur Einführung 9
Herkunft und Werdegang des Dichters 16
In der Schule des Westens: die Pariser Jahre 24
Literarische Strömungen in der Türkei
zu Beginn des Jahrhunderts 27
Die höfische Klassik der Osmanen: Divan Edebiyati 29
Die poetische Sprache des Diwan 34
Welche Realität wurde von dieser Dichtung abgebildet? 36
Eine literarische Zwischenzeit:
Türkische Dichter auf der Suche 38
Türkismus und Nation – Türkçülük ve milliyetçilik 40
Yahya Kemals Istanbuler Jahre 42
Diplomat und Patriot: Ein Dichter in der Welt 46

Aus den Werken Yahya Kemals 49

Die letzten Verse 78
»Aziz Istanbul« – »Göttliches, geliebtes Istanbul«
Prosastücke und Miszellen 80
Summe eines Dichterlebens 86

**Nationalistische Dichtung der Türkei im Übergang
vom Osmanischen Reich zur Republik** 95

Der goldene Apfel – Eroberungen 100
Und immer wieder Istanbul 108

Benutzte und weiterführende Literatur 115

Leben mit Geschichte –
Die »Aufhebung« der Vergangenheit durch Dichtung

Zur Einführung

Yahya Kemal Beyatli (1884–1958), der literarische »Held« unserer Monographie, ist einer der bedeutendsten Dichter der modernen Türkei, obwohl er sich niemals als Neuerer oder gar Revolutionär verstand, sondern konservativen ästhetischen Lehren verpflichtet blieb. In Deutschland ist er praktisch unbekannt. Er gilt seinen Landsleuten in der Regel als der letzte »osmanische« Dichter, weil er es vermochte, die in der osmanischen Poesie gängigen arabisch-persischen Versmaße und deren Prosodie (aruz), die sich eigentlich wenig für die türkische Sprache eignen, trotzdem vollkommen mit dem Geist des Türkischen zu verschmelzen. Diese uralten Versmaße der traditionellen orientalischen Dichtung, die – wie die antike griechische – mit Länge und Kürze, nicht aber mit Hebung und Senkung arbeiten, wurden von den türkischen Poeten des 20. Jahrhunderts, von den Dichtern der Republik und des modernen Nationalstaats zumal, radikal verworfen. Entweder sie nahmen sich das Silben zählende Versmaß (hece vezni) nach dem Muster der anatolischen und zentralasiatischen Volksdichter der Türken zum Vorbild für eine neu im Entstehen begriffene nationale Dichtung; oder sie wandten sich gleich – darin den zeitgenössischen europäischen und amerikanischen Dichtern folgend – dem Freien Vers (vers libre) zu, wie etwa Nâzim Hikmet Ran (1902–1963), der große Revolutionär und Erneuerer der modernen türkischen Literatur. Yahya Kemal Beyatli freilich blieb, obwohl er kein Feind der Moderne war, in der Regel den alten poetischen Mustern verhaftet, was ihm auch den Ruf des »letzten Klassizisten« oder eines »Neo-Klassizisten« von höchstem Niveau (so charakterisiert ihn der avantgardistische Lyriker und Literaturwissenschaftler Yüksel Pazarkaya) in der türkischen Literatur eintrug.

Seinem Ruf als großer Dichter hat dies nicht geschadet, ganz im Gegenteil. Ruf und Ruhm dieses Wortkünstlers, ja Wortzauberers sind heutzutage sogar im Anwachsen begriffen. Sein Museum in Istanbul, in der Nähe des Großen Basars und der Universität gelegen, ist gut besucht; zahllose Schulen oder Institutionen im Land

Yahya Kemal Beyatli (1884–1958)

sind seit seinem Tod im Jahre 1958 nach ihm benannt worden. Und immer stärker wird herausgearbeitet, wie viel gerade die großen Dichter und Autoren der türkischen Moderne diesem Mann zu verdanken haben, der nicht nur selbst ein Poet war, sondern auch reflektierender und lehrender Ästhetiker. In dieser Eigenschaft hat er Generationen von Poeten und Autoren anderer literarischer Genres beeinflusst und geprägt. Erinnert sei nur an Ahmet Hamdi Tanpinar (1901–1962), den bedeutenden Dichter und großartigen Prosaautor, dessen Roman »Huzur« (Seelenfrieden, Harmonie) ohne den Einfluss von Yahya Kemal nicht denkbar ist und schon zu den Klassikern der türkischen Prosa gehört. Eine der vier Hauptfiguren dieses Romans hat sogar Tanpinars Lehrer Kemal als Vorbild. Auch die wenigen, doch großartigen Gedichte Tanpinars sind von Yahya Kemals Dichtung mitgeprägt.

Als Klassizist, der dennoch bewusst in der Moderne lebte, ist Yahya Kemal Beyatli wie kein Zweiter geeignet, mit seinem Werk sein volatiles Zeitalter poetisch »abzubilden«. Seine Lebensspanne reichte von den Tagen des »blutigen« oder »roten Sultans« Abdülhamit II. (Abdulhamid in den westlichen Quellen geschrieben), der von 1876 bis 1908 regierte, das heißt dem Zeitalter des autokratischen Despotismus (istibdad), über die Bewegung der Jungtürken (Jöntürkler) und den Ersten Weltkrieg, die Gründung der Türkischen Republik durch Mustafa Kemal Atatürk, den Zweiten Weltkrieg und die Ära Ismet Inönüs bis hinein in die Jahre des ersten demokratisch gewählten Ministerpräsidenten Adnan Menderes und seiner Demokratischen Partei, den das Militär freilich zwei Jahre nach Yahya Kemals Tod absetzte und ein Jahr später, 1961, wegen Hochverrats hinrichten ließ. Es ist dies eine Epoche, in welcher das türkische Volk Veränderungen erfuhr wie niemals zuvor in seiner Geschichte, die Annahme des Islams vor mehr als tausend Jahren vielleicht ausgenommen. Und es ist noch sehr die Frage, ob es überhaupt in der bisherigen Weltgeschichte etwas Ähnliches gegeben hat wie den tiefen Einschnitt, den die Türken sich durch den Übergang vom islamischen Kalifat zur säkularen Republik mit ihren nationalen Idealen zumuteten. Die Türken beseitigten nicht nur, wie das in anderen Revolutionen geschah, ihre alte Ordnung und ersetzten sie durch eine ganz andere, sie verwarfen auch ihre alte Schrift und verwandelten ihre Sprache. Nichts dergleichen geschah in Frankreich nach 1789 noch auch in Russland nach 1917.

Wer sich mit Person und Werk dieses Dichters beschäftigt, kann mit Fug und Recht sagen, ein Zeitalter werde in seiner Person besichtigt. Ein Zeitalter der Um- und Aufbrüche, rasender Veränderungen und tiefer Einschnitte in Leben und Denken der Türken. Wie tief diese Einschnitte im Einzelnen waren, werden wir dem Leser noch detaillierter näherbringen; er wird dann auch vieles besser verstehen können, was ihn vielleicht am inneren Zustand der heutigen Türkei befremden mag, nicht nur kulturell, sondern auch gesellschaftlich und politisch. Die Türkei ist heute politisch polarisiert wie nie zuvor, erstmals seit etwa hundertfünfzig Jahren ist es dem islamischen Traditionalismus gelungen, die bis dahin übermächtig erscheinende, stärker weltlich orientierte Elite von der Macht zu verdrängen – in freien Wahlen. Dies war ein Schock für die »Kemalisten«, die säkularen Anhänger Atatürks, die darauf eine Antwort finden müssen.

Dass der Klassizist Yahya Kemal nach wie vor rezipiert wird und mehr und mehr zum literarischen Kanon gehört, sagt zudem vieles aus über den gegenwärtigen Stand der türkischen Literatur und damit eben auch der Gesellschaft. Es ist ganz offenkundig ein dialektischer Prozess, der ziemlich exakt dem Hegelschen Muster zu entsprechen scheint. Dem altersschwachen, zusammenbrechenden Osmanischen Reich mit seiner universalen, in der Religion wurzelnden islamo-persischen und islamo-arabischen Literatur und Kultur folgte die radikale Antithese: die weltlich ausgerichtete Republik, die alles Islamische in den Hintergrund drängte und eine nationale, »türkische« Kultur und Dichtung schuf, einschließlich einer umfangreichen Sprachreinigung, das heißt angestrebten »Türkisierung« der Sprache. Der Nationalstaat nach europäischem Muster, wie er im 19. Jahrhundert entstanden war, wurde zum Vorbild, vor allem in seiner französischen Variante. Der Primat des Glaubens sollte durch den der Wissenschaft abgelöst werden. So meinte Staatsgründer Kemal Atatürk in einem seiner markigen, einprägsamen Slogans: »Der wahre Führer im Leben ist die Wissenschaft« (Hayatta en hakiki müşid ilimdir). Diese Parole prangt noch heute an einer Fassade des Hauptgebäudes der Universität Ankara. Eine Kulturrevolution unvorstellbaren Ausmaßes, die auch Kleidungssitten, Schriftsystem, Zeitrechnung und vieles andere erfasste, wurde von Atatürk und seinen Mitstreitern ins Werk gesetzt. Kein Europäer kann auch nur annähernd nachempfinden, was die Türkei in einer Frist von fünfzehn bis zwanzig Jahren bewältigen wollte und zum großen Teil auch bewältigte – Atatürk starb schon 1938 und hinter-

Mustafa Kemal Atatürk (1881–1938)

ließ ein in vielem unfertiges Gebäude. Aus dem Osmanen sollte ein Türke werden, Turban und Fes waren abgetan, sie wurden durch Hüte und Kappen ersetzt. Demonstrativ zeigte sich der Republikgründer bei offiziellen Anlässen im Zylinder und im Frack, in der Freizeit trug er Knickerbockerhosen und Panamahüte. Modeschauen, ja Schönheitskonkurrenzen und Miss-Wahlen unter Frauen in einteiligen Badeanzügen wurden in dem zutiefst islamischen Land demonstrativ abgehalten. 1928 wurde die arabische Schrift abgeschafft und durch »lateinische« Buchstaben ersetzt. Eine ganz neue Geschichtsvision der Türken sollte die sechshundert Jahre währende islamisch-universalistische Herrschaft der Osmanen vergessen machen oder zur bloßen Episode herabstufen. Echt türkisch (öz Türkçe) – das wurde zum Schlagwort, das von der Sprache bis zum Gebetsruf vorherrschte. Selbst ihn türkisierte man. An die Stelle des arabischen »Allahu ekber« (Gott ist am größten) trat nun, bis zum Jahre 1951, die türkische Version »Tanri uludur« oder bisweilen auch »Tanri büyüktür«. Historiker, Sprachwissenschaftler und auch Schriftsteller und Dichter beteiligten sich formal wie inhaltlich intensiv an dieser Kulturrevolution. Ihr Träger war die unter dem Einfluss Mustafa Kemal Atatürks stehende Elite, die sich schon um die Mitte des 19. Jahrhunderts, seit Beginn der Tanzimat-Reformen, stark am Westen ausgerichtet hatte und in Istanbul oder in den balkanischen Städten des Reiches lebte. Modernisieren (modernleşme), Verwestlichen (garblaşma), Europäisieren (avrupalilaşma), Türkisieren (türkleşme) – dies waren schon zu Zeiten der letzten Sultane, etwa seit Mahmud II., der 1839 starb, die Schlagworte vieler Intellektueller im zu Ende gehenden Osmanischen Reich.

Heute, da diese Zeilen geschrieben werden, scheint die moderne Türkei einer Synthese zuzustreben. Was manche schon seit Jahren erwartet hatten, ist eingetreten: Die von Atatürk von oben herab ins Werk gesetzten brachialen Reformen haben das Land zweifelsohne weit vorangebracht im Prozess der Modernisierung, doch die Identitätsfrage ist ungelöst geblieben. Nicht alle kemalistischen Reformen waren alternativlos oder unbefragt, es gab auch Widerstände gegen sie – und dies beileibe nicht nur von muslimischen Reaktionären und unbelehrbaren Fanatikern. Autoren wie Refik Halit Karay (1888–1965) oder Mehmet Akif Ersoy (1873–1936, immerhin der Dichter der Nationalhymne) vertraten die Meinung, Atatürks Reformen gingen zu weit und würden eine geistige Leere hinterlassen.

In der zweiten Hälfte des 20. Jahrhunderts zeigte sich denn auch, dass die Mehrzahl der Türken, zumal jene in Anatolien, doch tiefer im Islam wurzelte als Atatürk und seinen Mitstreitern vielleicht bewusst war. Atatürk selbst, der über den Islam mancherlei sagte, war religiös weitgehend »unmusikalisch«, zudem geprägt von manchen Vorstellungen eines vulgären Positivismus in der Nachfolge des französischen Denkers Auguste Comte (1798–1857). Der Einfluss des Islams nahm in den fünfziger Jahren des vorigen Jahrhunderts erst unmerklich, dann aber stetig wieder zu in der Türkei. Als dann im Jahre 2002 bei den Wahlen mit der neu gegründeten Partei für Gerechtigkeit und Aufbau (AKP) von Recep Tayyip Erdoğan und Abdullah Gül erstmals eine Partei siegte, die ihre Herkunft aus dem konservativen Islam, ja dem Islamismus (islamcilik) nicht verleugnen konnte, wurde die historisch-kulturelle Synthese nur allzu deutlich. Schon in den achtziger Jahren hatte die türkische Soziologin Nilüfer Göle unterschieden zwischen den »weißen Türken«, das heißt der verwestlichten und verweltlichten kemalistischen Elite, und den »schwarzen Türken«, das heißt jenen frommen Anatoliern und städtischen Kleinbürgern, die von der führenden Schicht im Grunde immer verachtet worden waren und die Leiter der Macht nicht erklimmen konnten. Mit den Wahlen von 2002 hatte sich das schlagartig geändert. Am Beginn des 21. Jahrhunderts ist in der Türkei auch ein islamisches Kulturbewusstsein zurückgekehrt, das viele Intellektuelle und Autoren erfasst hat, man merkt es an ihren Büchern und Gedanken. »Den Osmanen wieder entdecken« (Osmanli'yi yeniden keşfetmek) heißt ein populärer Sachbuchtitel des Historikers Ilber Ortayli. Ihre Beziehung zum Osmanentum ist entkrampfter geworden. Freilich stehen sich die neue Elite der Erdoğans und Güls (einschließlich ihrer das Kopftuch tragenden Frauen) und die alte kemalistische Elite unversöhnlich gegenüber; das Land ist gespalten und wartet auf eine neue Versöhnung. Und die Kemalisten verstehen die Welt nicht mehr; vor allem ist ihnen noch nicht klar, dass sie sich selbst modernisieren müssen, um wieder an die Macht zu gelangen und erfolgreich zu sein. Dazu gehört wohl auch, einige heilige Kühe des festgefügten bisherigen »Kemalismus« zu schlachten. Am Ende unserer Betrachtungen werden wir auf diesen »Kulturkampf«, seine positiven wie negativen Seiten, nochmals zurückkommen.

Yahya Kemals Poesie und Gedankenwelt jedenfalls eignen sich zu einer wohlverstandenen intellektuellen Synthese auch in modernen

Zeiten, zur unaufgeregten Wertschätzung einer großen Vergangenheit, die freilich niemals wiederbelebt werden kann. Das war dem Dichter Yahya Kemal immer bewusst, und er bekräftigte das auch immer aufs Neue; doch man braucht diese Vergangenheit auch nicht zu vergessen oder, schlimmer noch, zu verdrängen und ideologisch zu verteufeln. Ein sogenannter Neo-Osmanismus, etwa als politische Kategorie, von dem nun seit einiger Zeit gesprochen wird, scheint aber ebenso mit Problemen behaftet zu sein wie die früheren Verdrängungen und bisweilen Dämonisierungen des Osmanenreiches.

Herkunft und Werdegang des Dichters

Der Dichter, der sich später Yahya Kemal Beyatli nannte, wurde unter dem Namen Ahmet Agâh am 2. Dezember 1884 im Viertel Yenimahalle in der Stadt Üsküp geboren. Sie heißt heute Skopje und ist die Hauptstadt der Republik Mazedonien. Damals gehörte sie zum Reich des Sultans und Padischah von Istanbul/Konstantinopel, dessen balkanische Besitzungen zwar von Generation zu Generation dahinschmolzen wie Schnee an der Frühlingssonne, aber territorial noch immer beträchtlich waren. Mazedonien, insbesondere die Stadt Manastir (heute Bitola), war ein Zentrum der politischen Gärung im Reich. Es brodelte unter der slawischen, nichtmuslimischen Bevölkerung ebenso wie unter der muslimischen. Die Slawen waren angesteckt von den Unabhängigkeitsbestrebungen ihrer Brüder überall auf dem Balkan, und die Muslime wollten politische Reformen, die etliche Jahre zuvor schon in Gang gesetzt, dann aber durch den reaktionären Sultan Abdülhamit II. auf schroffe Weise beendet worden waren. Im Jahre 1876 hatte sich bereits in Istanbul/Konstantinopel ein Parlament konstituiert, das allerdings schon ein Jahr später von dem frisch auf den Thron gelangten Herrscher und Kalifen nach Hause geschickt und nie wieder einberufen worden war. Noch schwerer wog, dass er die Verfassung wieder aufhob und von nun an autokratisch regierte. Bis heute gilt die lange Herrschaft Abdülhamits als Periode des Stillstandes, in der es dem Herrscher zwar gelang, den territorialen Bestand des Imperiums noch einigermaßen zu bewahren, dies aber um den Preis einer unbarmherzigen, gegen jegliche Veränderungen (islahât) gerichteten Politik ohne Reformen. Diese hatten noch die Periode der großen Neuordnung (Tanzimât)

Skopje, vom Ufer des Vardar aus gesehen, um 1910

geprägt, welche die Jahre zwischen 1839 und 1877 kennzeichnete, nun waren die Reformer abgemeldet. Viele Intellektuelle gingen ins europäische Exil oder sie brachten Jahre in der innerosmanischen Verbannung zu, auf Zypern, im Osten Anatoliens, in der tiefsten arabischen Provinz, im Hedschas etwa, oder gar im Jemen. Gerade Mazedonien aber blieb ein Zentrum der Unruhe, aus den Reihen der auf dem Balkan stationierten Offiziere formierten sich die revolutionär gesinnten Jungtürken. Und ein großer Teil jener Türken, der sich später dem Kulturrevolutionär Mustafa Kemal Atatürk anschloss, stammte vom Balkan, aus Rumelien (Rum ili). Nach den für die Türkei katastrophal endenden Balkankriegen 1912/13 strömten Millionen von Balkan-Türken, gerade auch aus Mazedonien, in die Gegend von Istanbul, manche auch tiefer nach Anatolien hinein. Bis in unsere Tage ist den türkischen Familien, die davon betroffen waren, ihr Schicksal durchaus schmerzlich bewusst. Und bewusst ist ihnen auch, dass dieses Kapitel von »Flucht und Vertreibung« bisher von niemandem thematisiert worden ist.

Das heutige Skopje, in dem Kemal aufwuchs, trägt noch immer Spuren der osmanischen Vergangenheit. Vorwiegend muslimische Albaner bilden – neben den viel zahlreicheren slawischen Mazedoniern – eine beträchtliche Minderheit in der Stadt, die etwas mehr als eine halbe Million Einwohner hat. Bei dem verheerenden Erdbeben des Jahres 1963 wurde ein Teil der Altstadt vernichtet, doch was übrig blieb, einschließlich etlicher osmanischer Moscheen, die beeindrucken, zeugt noch immer auf signifikante Weise von der langen Herrschaft des Sultans und Kalifen. Zur Zeit der Geburt des Dichters war Skopje eine muslimische Stadt, wie Sarajevo in Bosnien oder Prizren im Kosovo und viele andere auf dem Balkan.

Yahya Kemals Vater war Ibrahim Naci Bey, Bürgermeister Üsküps, seine Mutter hieß Nakiye Hanim und war die Tochter von Ismail Paşazade Dilaver Bey aus dem Flecken Leskofca. Väterlicherseits ging die Familie zurück auf einen berühmten Urahn: Şehsüvar Paşa, der zur Zeit Sultan Mustafas III. (1757–1774) Sandschak Bey in der Region gewesen war. Von dem alten, im Persischen wurzelnden Namen »şehsüvar« (Ritter) ließ sich der Dichter, als man sich in der Türkei 1934 Familiennamen nach europäischem Vorbild gab, zu seinem späteren Nachnamen »Beyatli« inspirieren. Die Herkunft des Dichters war, so gesehen, eine durchaus privilegierte, gehörte er doch jener Kaste der Paschas und Effendis an, die seit Jahrhunderten das riesige Reich der Osmanen verwaltete und dessen Ordnung bürokratisch sicherte. Einflüssen des Westens war man in Rumelien schon lange ausgesetzt, wenn auch der Unterschied zu dem kosmopolitischen Istanbul/Konstantinopel gewaltig war. Der Balkan war und blieb Provinz. Just zu der Zeit, da Ahmet Agâh heranwuchs, hatte die Hauptstadt des Reiches am Bosporus immer noch mehr nicht-muslimische (gayrimüslim) Einwohner als Muslime und war auf geradezu unglaubliche Weise kosmopolitisch geprägt. Was Wunder, dass diese Atmosphäre auf alle anziehend wirkte, die einen offenen Geist besaßen. Kemal widmete seiner damaligen geistigen Verfassung später eines seiner bekanntesten Gedichte, das den Titel »Açik deniz« – »Offenes Meer« trägt. Es beginnt mit den beiden Verszeilen:

> Balkan şehirlerinde geçerken çocukluğum
> Her lahza bir alev gibi hasretti duyduğum …

> Als ich in den Städten des Balkans
> meine Jugend verbrachte,
> fühlte ich eine Sehnsucht, die der Flamme
> gleich …

Man kann sich vorstellen, welcher Art die Sehnsüchte des jungen Mannes waren: Er wollte heraus aus der Enge balkanischer Provinz. Dies freilich in einem Doppelsinn: Auch geistig, nicht allein räumlich und materiell wollte er Veränderungen erleben und Anregungen erhalten und so die einschnürende Inferiorität seiner Herkunft hinter sich lassen. Man muss sich dazu vor Augen halten, dass Üsküp zu jener Zeit, obwohl durchaus multikulturell, mit balkanischen Städten der Osmanen wie etwa Selânik (Saloniki) nicht mithalten konnte. Dort war übrigens drei Jahre zuvor, im Jahre 1881, der spätere Volksheld und Staatsmann Mustafa Kemal Atatürk zur Welt gekommen. Und auch Ahmet Agâh sollte diese Stadt schon bald kennenlernen.

Das Gedicht »Offenes Meer« verdeutlicht zudem, wie politisch unruhig der osmanische Balkan zu jener Zeit war, er hallte vom Lärm der Waffen und politischen Krisen wider. Und angespielt wird in ihm auch auf die Jahrhunderte währenden kriegerischen Auseinandersetzungen der Osmanen mit »dem Norden«, sprich mit Habs-

Das Geburtshaus Atatürks in Saloniki

burg. Beyatlis Jugend verlief, worauf schon Cahid Tanyol in einem Aufsatz zum 71. Geburtstag des Dichters im Jahre 1955 hinwies, insofern ganz anders als das seines Zeitgenossen Ahmet Haşim (1884–1933), mit dem er als konservativer Ästhetiker manches gemeinsam hat, der jedoch im fernen Osten des Osmanischen Reiches aufwuchs. Tanyol schreibt: »Während Ahmet Haşim die Stadt Bagdad, in der er seine Kindheit verlebte, den Tigris-Fluss und die Wüsten beschreibt, lässt er uns spüren, wie das ruhige, sich nicht ändernde Schicksal dieses Gebietes ihn einen süßen und sehnsüchtigen Zauber fühlen ließ« (in: Spies 1968). Und Tanyol zitiert Verse Haşims, wie die folgenden:

Bir ufk-u tehi, bir gece, binlerce sitâre
Samt-i ebediyetle bakar hâb-i bahâre …

Ein leerer Horizont, eine Nacht und Tausende von Sternen
mit ewigem Schweigen blickend auf des Frühlings Schlaf …
In Leere vergangen reiner, ewiger Schatten. Lippen
flüstern den Träumen in den Augen eine Weise zu.

Tanyol schreibt weiter: »Das Yahya Kemal umgebende geographische Schicksal war von dem Schicksal jenes [Ahmet Haşims, d. V] vollständig verschieden (tamamile ayri idi). Deshalb erfüllt Yahya Kemals persönliches Leben auch ein Rauschen der Zeit und der Geschichte (bir zaman ve tarih çağlisi doldurur).«
   Der junge Agâh war ein guter Schüler. Nicht nur in den beiden Grundschulen, die er in Skopje besuchte, erhielt er eine gediegene Bildung, auch die Mutter, eine besonders fromme Frau, prägte ihn für das ganze Leben. Die religiösen Lehren des Islams ergänzten die in Üsküp schon stark ausgerichtete »nationale« Ausbildung der Schüler. Als die Mutter 1897 an Tuberkulose starb, besuchte Ahmet Agâh bereits eine höhere Bildungsanstalt in seiner Heimatstadt, bald darauf in Saloniki. Dass er mit 13 Jahren schon die Mutter verlor, hat ihn lebenslang beschäftigt und auch seine ohnehin melancholischen Dichtungen in diesem Sinne beeinflusst. Ebenso der im gleichen Jahr ausbrechende Krieg zwischen den Griechen und der Türkei, der für die Osmanen – trotz mancher Anfangserfolge – mit dem endgültigen Verlust der Insel Kreta endete. Sie war seit Mitte des 17. Jahrhunderts türkisch gewesen, als die Osmanen dort Venedig besiegt hatten.

Saloniki wurde zu jener Zeit von etwa 150 000 Menschen bewohnt, wobei die Muslime (etwa 45 000) in der Minderheit waren. Neben den Christen prägten vor allem die seit dem 16. Jahrhundert dort lebenden jüdischen Gemeinden der Spaniolen Mentalität und Stimmung. Es gehört zu den positiven Seiten der osmanischen Geschichte, dass Hunderttausende Juden nach der für die Christen siegreichen Vollendung der Reconquista in Spanien, das heißt nach dem Zusammenbruch der letzten maurisch-islamischen Herrschaft der Nasriden von Granada im Jahre 1492, im Osmanischen Reich eine sichere Zuflucht vor religiöser Verfolgung fanden. Nicht nur in Nordafrika, auch in Smyrna (heute Izmir) und eben in Selânik entstanden blühende jüdische Gemeinden. Nicht zu vergessen Istanbul natürlich. Das unter den Osmanen geltende Millet-System sorgte dafür, dass das Zusammenleben der religiösen Minderheiten mit der muslimischen Mehrheit im Reich auf weite Strecken zwar nicht problemlos oder gar ideal war (dies zu behaupten wäre eine ideologische Mystifikation), aber insgesamt doch erträglicher verlief als anderswo zu jener Zeit. Von diesem Geist war das Saloniki um die Wende vom 19. zum 20. Jahrhundert noch geprägt, wenn auch unter der griechischen Bevölkerung die nationalen Bestrebungen stark geworden waren. Die türkische Oberschicht Selâniks, zu der – wir sagten es schon – auch die Vorfahren des großen Nâzim Hikmet gehörten, konnte als eine der gebildetsten im Osmanischen Reich überhaupt gelten. Dort hatte sich sogar so etwas wie eine Kultur des literarischen Salons herausgebildet, wie man den Aufzeichnungen der beiden bekannten, links-kemalistisch orientierten Publizisten Sabiha (1895–1968) und Zekeriya Sertel (1890–1980) entnehmen kann, die ebenfalls in dem Selânik vor dem Ersten Weltkrieg heranwuchsen. Auch Hikmet kam aus einem Haushalt Salonikis, in dem nicht nur die Poesie, sondern auch – durch die Mutter – die Bildende Kunst hochgehalten wurde.

Mit achtzehn Jahren, 1902, wurde der junge Mann, der schon in Selânik mit ersten poetischen Fingerübungen begonnen hatte, in die Reichshauptstadt Istanbul geschickt. Es gelang ihm nicht, am renommierten und begehrten Galatasaray-Lyzeum einen Platz zu finden, jener ersten westlich ausgerichteten Elite-Schule, die Mitte des 19. Jahrhunderts gegründet worden war und bis heute einen Großteil der osmanischen, dann türkischen Führungskräfte ausgebildet hat. Doch am Robert-Kolleg, das nicht weniger angesehen

Saloniki, Postkarte von 1917

war, kam er unter. Bei einem Verwandten, der in dem Ort Sariyer am Bosporus lebte, Abdurrahman Paşazade Ibrahim Bey, fand der junge Dichter, der sich unter dem Dichternamen (mahlas) Esrar in Saloniki und unter dem Pseudonym Agâh Kemal schon einen Namen gemacht und in den Zeitschriften Irtikaa und Malumât publiziert hatte, Kost und Logis. Ibrahim Bey führte nicht nur ein gastliches Haus, sondern war auch besonders kulturbeflissen. Die Poesie und die klassische türkische Kunstmusik wurden in seinem Haus gepflegt. Der Musiker Kanuni Haci Arif Bey (1862–1911) machte den jugendlichen Poeten mit den Formen der klassischen türkischen Musik bekannt, die im 17. Jahrhundert unter Meister Itri, einem Mevlevi-Derwisch, ihren Höhepunkt erreicht hatte. Kanuni Haci Arif Bey, im Istanbuler Stadtteil Aksaray geboren und nicht zu verwechseln mit dem Musiker und Komponisten Haci Arif Bey (1831–1885), gehört zu den bekanntesten Persönlichkeiten der Musikszene in spätosmanischer Zeit. Sein Geld verdiente er meistens als Sekretär und Beamter, er hielt sich mehrfach und für längere Zeit im Jemen auf, wo er schließlich einer Cholera-Welle erlag. Seine bekanntesten Kompositionen werden noch heute gespielt und von Liebhabern der osmanischen Kunstmusik sehr geschätzt. Haci Arif Bey hatte zahlreiche Schüler, auch sein Sohn Zeki Arif Ataergin (1896–1964) wurde ein bekannter Musiker.

Zeitlebens war Yahya Kemal, wie auch sein prominentester Schüler Ahmet Hamdi Tanpinar, ein großer Verehrer der türkischen Kunstmusik, ja, der musikalische Charakter, die sprichwörtliche »innere Melodie« (iç âhenk) vieler seiner Verszeilen verdanken sich gewiss dieser Begabung und Erfahrung.

In der Schule des Westens: die Pariser Jahre

Seit 1903 hielt sich der Dichter in Paris auf, einmal um der desaströsen Lage in der Heimat, sprich der rigiden Herrschaft des Sultans Abdülhamit, die schon viele ins Exil getrieben hatte, zu entgehen, insbesondere jedoch um zu studieren. Erstmals lernte Yahya Kemal den Westen wirklich kennen, und dies in gewisser Weise an seiner authentischsten Stelle. Paris war ja, zusammen mit Wien, jener Ort, an dem – auf fast allen Gebieten – die künstlerische, philosophische und wissenschaftliche Moderne innerhalb von zwei bis drei Generationen in vielen ihrer prominentesten Vertreter ihren Durchbruch erlebte. Wie muss der Mann aus dem verblühenden Osmanischen Reich gestaunt haben angesichts der Dinge, die sich in Paris taten! Da konnten, obwohl sie auf dem europäischen Kontinent gelegen waren, seine Heimatstadt Skopje und sogar das größere Selânik natürlich nicht mithalten. Die Stadt Rodins, Valérys, Verlaines und Mallarmés, das Zentrum der Impressionisten, der Expressionisten, der Pointilisten und fast aller, die Revolutionen in den Künsten nicht nur forderten, sondern auch durchführten. Die Stadt Rimbauds und Baudelaires, um nur die Größten unter den Dichtern zu nennen, die diese stürmische Entwicklung in ihren epochemachenden Werken vorbereitet hatten. Fast zehn Jahre blieb der junge Türke, und man geht kaum fehl in der Annahme, dass nichts in diesen Jahren sein Denken und Fühlen so sehr geprägt hat wie der Aufenthalt an der Seine. Man kann ihn sich lebhaft vorstellen, wie er seine Zeit zwischen den Vorlesungen, der Geselligkeit in den Cafés der »Rive Gauche«, den Leseerlebnissen und den Besuchen der Museen zubrachte. Viel stärker als England zog Frankreich damals die Jugend aus der Türkei an; eine Mode war dies zuerst gewesen, doch dann wurde es eine Tradition, die bis zu Sultan Selim III. (1789–1808) zurückreichte, der sich für die Französische Revolution interessierte und von allem Französischen fasziniert war. Französisch wurde die Zweitsprache der Gebildeten im Osmanischen Reich und blieb es bis weit in die Zeit nach dem Zweiten Weltkrieg hinein, als das Englische es abzulösen begann. Übrigens war auch das Deutsche eine relativ begehrte Fremdsprache, was vor allem in der Zeit Atatürks in den zwanziger, dreißiger Jahren des vorigen Jahrhunderts zu Buche schlug. Nicht wenige Angehörige der türkischen Elite studierten in jenen Jahren in Deutschland und erlangten danach hohe Posten und Ämter in der neuen Republik. In spätosmanischer Zeit, als insbesondere das Verhältnis zum Deutschen Kaiserreich gut und eng wurde, war dies zugrunde gelegt worden. Damals erhielten insbesondere Militärs ihre Ausbildung in Deutschland.

Durch seine historischen Studien am Meaux Collège und an der Schule für politische Wissenschaften (Ecole des Sciences Politiques), unter anderem bei Albert Sorel, festigte der junge Poet seine Kenntnisse über Nation und Staat, wie das moderne Europa sie verstand. Längst wurde ja auch in der Türkei darüber diskutiert, wobei die Mehrzahl jener, die man unter der Bezeichnung »Jungtürken« zusammenfasste, zunächst von einer »osmanischen Nation« (milleti-ye osmaniye) und einem modernen Osmanentum mit

Parlament und einem konstitutionellen Monarchen sprachen. 1908 stürzten sie Sultan Abdülhamit und begannen selbst zu regieren. Frankreich jedoch war seit der Großen Revolution 1789 zeitweise schon Republik und noch länger schon eine geschlossene, homogene Nation, wie es schien, spätestens seit den Tagen des Sonnenkönigs absolut zentralistisch geführt. Kemal war davon beeindruckt, mehr denn je schienen die Franzosen für die Türken und ihre Vision von Erneuerung wegweisend zu sein.

Albert Sorel (1842–1906) war keine ganz unproblematische Figur. Seine unbestreitbaren Leistungen als Gelehrter, Historiker und Politikwissenschaftler liegen auf dem Gebiet der Diplomaten-Geschichte – was später für Yahya Kemal auch beruflich von Bedeutung sein sollte – sowie auf seiner Darstellung des historischen Werdens der französischen Nation. Manche seiner nationalistischen Überspitzungen, vor allem sein unkritischer Lobpreis Napoleons, haben dem französischen Chauvinismus, wie es heißt, besondere Nahrung gegeben; dies freilich wurde zu seiner Zeit als weniger kritikwürdig angesehen als heute. Vor allem der nach einem völlig neuen Verständnis seines eigenen Volkes strebende türkische Student, der mit den politischen Wirren des Balkans groß geworden war, der zudem das intellektuelle Klima Konstantinopels / Istanbuls eingeatmet hatte, dürfte daran kaum Anstoß genommen haben. In seinem Werk »La question d´Orient au XVIIIe siècle« hatte sich Sorel auch mit der sprichwörtlichen »orientalischen Frage« auseinandergesetzt, die damals zu den brisantesten Themen der internationalen Politik überhaupt gehörte. Sein Buch über Montesquieu machte den Studenten aus der Türkei mit den Prinzipien des modernen Verfassungsstaates und der Gewaltenteilung bekannt. Doch natürlich wurde der junge Osmane auch mit anderen europäischen Historikern bekannt, so mit Hippolyte Taine (1828–1893), der zu jener Zeit – als Erfinder der Formel »race, milieu, moment« – nicht nur unter »Sozialwissenschaftlern« in aller Munde war. Er ist der Stammvater aller modernen Milieu-Theorien.

Auf dem Gebiet der Dichtkunst konnte dem jungen Poeten auch nichts Besseres widerfahren, als sich dort aufzuhalten, wo der moderne Symbolismus das Licht der Welt erblickt hatte, und wo die Parnassiens wirkten. Der Ruf der Symbolisten war sogar schon bis zu den Poeten der Türkei vorgedrungen. Nobelpreisträger Orhan Pamuk (geb. 1952) schreibt (»Istanbul«, 2003, S. 131 f.): »Jeder dieser vier Schriftsteller [außer Yahya Kemal auch Ahmed

Hamdi Tanpinar, Reşat Ekrem Koçu, Abdülhak Şinasi Hisar, d. V.] war zu irgendeinem Zeitpunkt seines Lebens vom Glanz der europäischen und insbesondere der französischen Literatur und Kunst geblendet. Yahya Kemal verbrachte in seiner Jugend neun Jahre in Paris und wurde dort mit der Dichtung Verlaines und Mallarmés sowie dem Konzept der »poésie pure« vertraut, für das er später eine »nationale« Entsprechung zu kreieren suchte ... Zu den französischen Autoren, die von allen drei Schriftstellern [außer Koçu, d. V.] bedingungslos verehrt wurden, zählte auch André Gide. Von Theophile Gautier, den auch Yahya Kemal sehr schätzte, lernte Tanpinar die Kunst der Landschaftsbeschreibung. Die manchmal an kindliche Begeisterung grenzende Bewunderung, die unsere Schriftsteller in jungen Jahren für französische Literatur und europäische Kultur entwickelten, brachte es mit sich, dass es ihnen später als unabdingbar erschien, in ihren Werken modern und westlich zu sein. Sie wollten schreiben wie Franzosen, da konnte es für sie gar keinen Zweifel geben. Insgeheim aber wussten sie, dass es nicht miteinander zu vereinbaren war, einerseits zu schreiben wie die Europäer, andererseits aber so unverwechselbar zu sein wie sie. Dabei hatte die französische Geisteshaltung sie doch gelehrt, dass in der modernen Literatur der Gedanke der Echtheit und Originalität schlechterdings unverzichtbar sei. Dieser Widerspruch machte ihnen gerade in den ersten Jahren ihrer literarischen Produktion nicht wenig zu schaffen ...«

Welchen Vorbildern fühlte sich Kemal damals überhaupt verpflichtet? Welcher Schule zugehörig? Da empfiehlt es sich zunächst, einen Blick auf die literarische Landschaft des späten Osmanischen Reiches zu werfen, in der es ebenso gärte wie in der Gesellschaft und im politischen Leben.

Literarische Strömungen in der Türkei zu Beginn des Jahrhunderts

Der Modernismus hielt in der Zeit der Tanzimât-i hayriye, der »wohltätigen Neuordnungen« des Sultans, auch Einzug in die Literatur der Türken, das heißt zwischen 1839 und 1856, den Jahren des ersten und des zweiten Reformerlasses. Dafür stehen Namen wie Ibrahim Şinasi (1826–1871), Ziya Paşa (1825–1880), Namik Kemal (1840–1888), Şemsettin Sami (1850–1904), Samipaşazade Sezai

(1860–1936) und viele andere. Mit den aus Europa hereinströmenden Ideen von Gesellschaft und Staat, Freiheit und Unabhängigkeit, Parlamentarismus und Pluralismus wandelte sich auch das Verständnis von Literatur. Die Dichter wollten mehr und mehr zu Lehrmeistern des Volks werden; sie wollten die Sprache vereinfachen, um ein breiteres Publikum als nur die bisherige Elite anzusprechen. Als neue literarische Gattung, die auch Menschen erreichte, die nicht lesen und schreiben konnten, wurde das Drama eingeführt. Da war Şinasi Pionier gewesen mit seinem Stück »Die Heirat des Dichters« (»şairin evlenmesi«) im Jahre 1854. Ein Freiheitsdrama fast mit der Wirkung der schillerschen Dramen war »Vatan yahut Silistre« (»Das Vaterland oder Silistra«) von Namik Kemal, dem populären Vorkämpfer der Jungtürken. Es erzeugte so großen Aufruhr, dass es seinem Schöpfer vorübergehende Verbannung einbrachte. Aus dem Englischen übertrug man die Dramen Shakespeares, aus dem Französischen die Werke Molières.

Schon die Autoren des Tanzimât waren also im Begriff, neue Wege in der Literatur zu gehen, und zwar bezogen auf die Sprache, auf die poetischen Formen und natürlich auch die Inhalte. So tief die Reformen Atatürks in den zwanziger und dreißiger Jahren des 20. Jahrhunderts auch gewesen sein mögen – es stimmt nicht, dass sie sozusagen »vom Himmel gefallen« sind, Ideen eines einmaligen Genies ohne irgendwelche Vorläufer. Der Republikgründer konnte auf Vorstellungen aufbauen, die schon Jahrzehnte zuvor aufgekommen und propagiert worden waren, wenn auch nicht in jener Radikalität, die ihn kennzeichnete. Und die literarische Szene, mit der der junge Yahya Kemal bekannt wurde, war schon um einiges weiter. Sie nannte sich Edebiyat-i cedide, Neue Literatur, und umfasste im Wesentlichen zwei literarische Bewegungen, die um Literaturzeitschriften kreisten: Servet-i Fünun, Reichtum der Künste, und Fecr-i Ati, etwa: Morgendämmerung der Zukunft. In diesen Bewegungen waren die wichtigsten Neuerer der spätosmanischen Literatur versammelt.

Doch wie kritisch bereits die Tanzimât-Autoren gegenüber der höfischen Literatur (divan edebiyati) der klassischen osmanischen Literaturtradition eingestellt waren, möchte ich anhand von Zitaten belegen. Der Historiker Ilber Ortayli gibt etwa in einem Aufsatz über die Entstehung der Literaturkritik in der osmanischen Zeit einem Zitat von Ziya Paşa breiten Raum, das ich in voller Länge anführen will.

Ziya Paşa meint: »Jedes Volk besitzt charakteristische Versmaße und Reimformen in seiner Lyrik. Diese hängen jedoch von den Besonderheiten der Sprache ab. Weder die Werke von Nef'i noch die von Necâti oder Bâki gehören zu unserer Lyrik, ja sogar die Lieder von Nedim und Vasif, die Itri vertont hat, sind kein Teil unserer Lyrik. Sie stehen unter dem Einfluss des Arabischen und Persischen und den Strukturen dieser Sprachen. Unsere Lyrik und Prosa besitzen nicht einmal einen geordneten schriftlichen Ausdruck, da sie nicht auf Türkisch verfasst sind. Um dies zu ändern, müsste sich unsere Literatur auf die Lieder der unteren Klassen, d. h. des Volkes, auf volkstümliche Darstellungsweisen und diejenigen Formen von Lyrik wie dreistrophige Volksweisen (üçleme) und Lieder anatolischer Berghirten (kayabaşi) stützen. Erst dadurch könnte auch unsere Rechtschreibung genormt werden ... Um diesen Mangel zu beseitigen, müssen wir uns an dem natürlich Gegebenen streng orientieren« (in: Şenocak, 1994).

Damit sind schon sämtliche Probleme angesprochen, die später bei Ziya Gökalp (siehe S. 40) und dann erst recht nach der Gründung der Republik bei anderen Autoren eine zentrale Rolle spielen sollten: Umgestaltung der türkischen Sprache, Ersetzung der arabischen Lettern, Revolution der Dichtung in Richtung auf eine national-türkische, dann moderne und zeitgenössische Poesie. Yahya Kemal Beyatli jedenfalls erwarb alle Fähigkeiten eines osmanischen Dichters persizistischen Stils bis zur Perfektion, der ihn auch bis zum Ende seines Lebens nicht mehr losließ. Er stand damit übrigens nicht allein: Selbst Nâzim Hikmet und andere Revolutionäre der Dichtung wurden zunächst als Meister in den Formen und Inhalten der klassischen Diwan-Dichtung ausgebildet.

Um zu wissen, was er sich aneignete und wogegen sich schon ein Ziya Paşa so entschieden ausgesprochen hatte, müssen wir uns kurz noch einmal den alten, nun als obsolet geltenden Dichtern und ihrem Stil zuwenden. Was kennzeichnet die Diwan-Literatur oder höfische Dichtung? Was ist ihr Wesen und ihre gesellschaftliche Rolle, wenn sie überhaupt eine hatte? Wer schuf sie und zu welchem Zweck?

Die höfische Klassik der Osmanen: Divan Edebiyati

Die Dichter dieses Genres, meistens islamische Religions- und Rechtsgelehrte (ulema), schrieben für den Hof und lebten auch vom Hof. Ihr wichtigstes Metier war die Panegyrik, das Lob (medh) des

Herrschers, dem sie dienten und von dem sie finanziell abhingen. In einer besseren Position waren jene Poeten, die einem der zahlreichen Derwisch-Orden angehörten, sie waren unabhängiger. Ihre Sprache, das Hof- und Hochosmanisch (fasih Türkçe), war dem Volk im Allgemeinen unverständlich und nur der gebildeten Schicht zugänglich, da der Wortschatz dieses Idioms aus bis zu achtzig Prozent arabischen und persischen Wörtern bestand. Auch arabische und persische Satzkonstruktionen und Wendungen flossen in das Hochosmanische ein. Als der bekannte deutsche Orientalist Max Horten im Jahre 1916 seine »Kleine Türkische Sprachlehre« publizierte, schrieb er im Vorwort noch: »Wer das Türkische erlernen will, muss sich darüber im Klaren sein, dass er darangeht, drei durchaus verschiedene Sprachen sich anzueignen: Türkisch, Persisch und Arabisch, denn aus diesen dreien besteht das Osmanisch-Türkische.« Diese Trias galt in jenen Tagen selbstredend auch noch für die türkische Poesie, obwohl sich schon manches zu ändern begonnen hatte.

Besonders das persische Vorbild der großen Dichterkönige Irans, wie Hafis, Saadi, Nizami, Khaqani, Omar Khayyam, Dschami und vieler anderer aus den Jahrhunderten zuvor, wurde in früheren Epochen bestimmend. Mit diesen Übernahmen kamen auch die arabopersischen Dichtungsgattungen, Gedichtformen und deren Reimschemata sowie die quantitierende Prosodie, der sogenannte aruz, in die »türkische« Literatur. Für die osmanischen Poeten war es besonders schwierig, die mit Längen und Kürzen arbeitende Aruz-Prosodie künstlerisch anspruchsvoll zu erfüllen, das heißt Versmaßen wie »remel«, »recez« oder »mütekarib« gerecht zu werden, weil im Türkischen die Silben in aller Regel gleich lang sind. Im Arabischen wie Persischen hingegen ist der Gegensatz von langen und kurzen Silben und Vokalen stark ausgeprägt. Schon dies war ein Grund für die osmanischen Hofpoeten, immer mehr Wörter aus diesen fremden Sprachen in ihre Gedichte einzuflechten. Versmaß und Rhythmik »funktionierten« so besser. Die häufigsten Gedichtformen waren das Ghasel (gazel), ein kurzes Gedicht mit mehreren Verspaaren (beyit) von typisch »lyrischem« Inhalt, und die Kassida (kaside), ein längeres Poem, das einen bestimmten Zweck verfolgte, etwa einen panegyrischen. Beide Formen lebten vom Monoreim nach dem Reimschema aabacadaea und so weiter. In längeren lehrhaften Versepen (mesnevi) hingegen fand ausschließlich der Paarreim Verwendung. Beliebt war auch der Vierzeiler (rübâi), den die Perser zur Vollendung gebracht hatten. Das Rübâi diente dazu, einen meist philosophisch geprägten Gedanken zugespitzt in vier Verszeilen (misra) zum Ausdruck zu bringen. Yahya Kemal Beyatli liebte diese Form des Gedichts ganz besonders. Seltenere Formen waren das kit´a oder »Bruchstück« und das Terkib-i bent oder »Zusammensetzband«. Auch das Terci-i bent oder »Verbindungsband« gehört dazu. Es waren seltener verwendete Formen. Neben dem Vierzeiler wurden auch Fünfzeiler (muhammes) und Sechszeiler (musaddes) entwickelt. Und unter dem »Serbest müstezat«, dem freien »Zusetzling«, verstand man eine freie, einzelne Zeile, die nicht reimte. Sie sollte bei der Herausbildung der modernen poetischen Formensprache noch eine wichtige Rolle spielen.

Neben der Panegyrik stand thematisch die Anakreontik (rindlik). Insbesondere in der Hochblüte des Osmanentums, im 16. Jahrhundert, feierten manche der Hofdichter, wie Mahmut Abdülbâki, genannt Bâki (1526–1600), das »schöne Leben«, die angenehmen Jahreszeiten Frühling und Sommer, den Wein und auch die schönen Knaben oder Mädchen. In der sogenannten Tulpenzeit (Lâle devri) unter Sultan Ahmet III. (1703–1730), die man als osmanisches Rokoko bezeichnet hat, nahm die Anakreontik, das üppige Carpe diem, einen bedeutenden Platz unter den Themen der Poeten ein. Es war dies eine Zeit, da man am Hof den Blumen und den Gärten besonders zugetan war, da die Herrscher bestrebt waren, die überbordenden Paradiesesvisionen des Korans sozusagen auf die Erde herabzuholen; und die Dichter hatten dies in ihren Versen zu besingen. Wein, Weib (Knabe) und Gesang hatte schon der große Hafis beispielhaft in seinem Diwan besungen – beileibe nicht als Einziger, jedoch als Bester. Seine Ghaselen wurden zum Paradigma. Freilich: Während sie bei Hafis immer doppeldeutig schillern und man nie genau weiß, ob der Dichter von wirklichem Wein spricht oder diesen als Metapher für die mystische Erfahrung und Ekstase, das Einswerden der Seele in Gott, verwendet, sind die entsprechenden Verse eines Bâki oder Fuzûli meistens weltlicher und damit auch eindeutiger, wenn auch Bezüge auf Gott und die Religion vorhanden sind. Letztlich wurzelt diese Anakreontik in der Carpe-diem-Dichtung des arabischen »Skandal-Poeten« Abu Nuwas, der von 756 bis 814 lebte und mit seiner Poesie in der Hauptstadt des abbasidischen Kalifats, Bagdad, für manche Empörung unter den Frommen, meistens jedoch den Heuchlern sorgte.

Bekanntester Vertreter dieses Hedonismus in der hohen Lyrik unter den Osmanen war eben Bâki, von dem wir ein Beispiel anführen:

Sâki zaman-i eyyş-i mey-i hoşgüvâridir
Bir kaç piyale nuş edelim nevbahâridir ...

Schenke, die Zeit des süßen Weingenusses ist
nun da,
lass uns einige Becher trinken, denn es ist
Frühling geworden.
Der Duft des Zephyrs, die Rosenfarbe, der
Frühlingsglanz
zeugen von der Gunst und Güte dessen, der
alle ernährt.
Lass die Gelegenheit jetzt nicht verstreichen,
da der Weltengarten
mit seiner Pracht von kurzer Dauer nur, wie
jene Rosenzeit.
Vorbei die Zeit von Augendienst, Askese
Heuchelei,
Genießen, Schwelgen und Lustwandeln sind
das Gebot der Stunde.
Lass nicht das Leben ungenutzt verstreichen
im Sorgenwinkel der Zeit,
da man sich am Wiesenrain und Saum des
Baches zu ergehen hat.
Bâki, die frische Frucht vom Bäumchen
deiner Kunst
ist für den Kenner doch fürwahr ein
glänzendes Gedicht.

Ein weiteres beherrschendes Thema der höfischen Klassik, das auch die meisten Gedichte Yahya Kemals durchzieht, ist die Liebe. Auch sie wird häufig schillernd-doppeldeutig verstanden, denn fast immer gelten die besungene Liebe (aşk) und der Lobpreis der Liebespaare, wie Leila und Mecnun, Yusuf und Suleika oder Ferhat und Şirin, auch als Gleichnisse für das Liebesverhältnis des Mystikers, des Sufis, zu Gott. Liebender und Geliebter, Mensch und Gott, werden in der Liebe eins – eine religiös-pantheistische Vision, die den Schriftgelehrten alles andere als recht war und bisweilen als Ketzerei verfolgt und geahndet wurde. Auch diese Form der Liebesmystik (muhabbet) kam über die großen persischen Dichter in das Osmanische Reich; und die osmanischen Dichter schufen Gegenstücke (nazire) zu den mystischen oder romantisch-mystischen Versepen der Perser, von denen wohl Hüsn ü Aşk von Scheich Galib, einem Mevlevi-Mitglied aus der zweiten Hälfte des 18. Jahrhunderts, das Bekannteste ist. Ein Solitär, ganz für sich stehend und doch von ungeheurer Bedeutung sogar, bis heute wurde ein Werk, das erst in der Moderne ins Türkische übertragen wurde: das Mesnevi von Mevlâna Celâlettin Rumi, ein mystisches Liebes-Epos in persischer Sprache, das das religiöse Denken auch der Türken zutiefst beeinflusst hat. Meister Mevlâna, aus Ostiran stammend, im Jahre 1207 in Balch geboren, verbrachte den größten Teil seines Lebens im seldschukisch-türkischen Konya, wo er 1273 starb. Zunächst lehrte er dort Theologie, doch durch die Begegnung mit dem Wanderderwisch Şemsettin aus Täbris wandte er sich ganz der Liebesmystik zu. Ihre Prinzipien, das Streben der Seele nach Vereinigung (vuslat) mit dem »göttlichen Geliebten«, gestaltete er in seinem riesenhaften, dem Paarreim-Schema gehorchenden Mesnevi-Epos, aber auch in seinem nicht weniger umfangreichen Diwan, das heißt der Sammlung seiner lyrischen Gedichte. Dem Titel und Thema »vuslat« werden wir unter Yahya Kemals Gedichten begegnen.

Mevlâna ist auch der Inspirator, ja Schöpfer eines mystischen Ritus, des sema, das heißt eines Reigentanzes, der das Kreisen der einzelnen Menschenseele um Gott symbolisieren soll – so wie die Gestirne um die Sonne kreisen, könnte man heute angesichts dieses auch durchaus kosmisch zu verstehenden Tanzes und »mystischen Reigens« sagen. Wer diese Zeremonie, den Tanz zur klagenden Melodie der persischen Rohrflöte (ney), einmal selbst gesehen hat, wird von ihr tief bewegt sein, auch wenn er die spirituellen Hintergründe der kosmischen Liebes-Mystik Mevlânas im Einzelnen gar nicht kennen mag. Seit vielen Jahrhunderten wird dieses Ritual der Mevlevi-Derwische gepflegt, und die Mevlevis, deren Klöster (tekkeler) über große Teile des Osmanischen Reiches verteilt waren, schufen eine ganz eigene intellektuell-religiöse Kultur, die auch Dichtung und Musik umfasste. So war der größte klassische Komponist der Osmanen, Meister Itri, ein Mevlevi; und auch viele der bedeutenden mystischen Poeten, wie der bereits erwähnte Scheich Galib im 18. Jahrhundert, gehörten dem Mevlevi-Orden an. Der Dichter Yahya Kemal Beyatli ist nicht nur poetologisch von der Mevlevi-Kultur beeinflusst gewesen, auch seine Weltanschauung war von den Lehren dieser kontemplativen Geister geprägt. Auch wenn die Mevlevis zu den Stützen des Reiches und der osmanischen

Gesellschaft gehörten, so war ihre Lehre doch religiös-heterodox, auf dem Höhepunkt ihrer kulturellen Entfaltung sogar freigeistig. Die mystische Liebe Mevlânas zu allen Wesen im Weltall, gegründet auf der Gottesliebe und im Streben nach Vereinigung mit Ihm, richtet sich an alle Menschen, unabhängig von der Konfession, ja Religion. Sogar die Atheisten lud Mevlâna in einem bekannten Vers dazu ein, sich an den gemeinschaftsbildenden Ritualen der Sufis zu beteiligen.

Bis heute sind die tiefsinnigen, spirituellen Lehren Mevlânas insbesondere bei türkischen Intellektuellen beliebt, die sich von der eigentlichen Orthopraxie des Islams entfernt haben. Dass Mevlâna der Kunst einen so großen Wert beimaß, gegen die Schriftgelehrten, die das alles mit scheelen Augen ansahen, wird darüber hinaus von vielen geschätzt, die generell nach einer Vertiefung und Humanisierung des Glaubens verlangen. Inwieweit der Dichter und Ästhetikprofessor Yahya Kemal in seinen ästhetischen Anschauungen von der Mystik (tasavvuf) insgesamt beeinflusst war, werden wir noch zu untersuchen haben.

Die poetische Sprache des Diwans

Im mystischen Zweig der Diwan-Poesie hat die Bildersprache Mevlânas, wie nun verständlich wird, denn auch einen überragenden Rang. Rumis Metaphern für das Getrenntsein der Menschenseele von ihrem Schöpfer oder für die Sehnsucht nach Wiedervereinigung (vuslat) mit Gott haben die Jahrhunderte geprägt und überdauert. Das Schilfrohr, das klagt, die Rose (gül), die weint, der Tanz (raks), welcher zur Ekstase (fana) führt, der Wein (mey), der mystische Verzückung gewährt, der Geliebte, Sems-i Tebrizi, der in seinem Glanz den göttlichen Geliebten selbst reflektiert, und so weiter.

Auch in die weltliche Dichtung sind diese Bilder eingegangen. Doch die Geliebte (der Geliebte) ist außerdem schlank wie eine Zypresse. Ihre Augen gleichen den Narzissen (nergis) oder auch kostbaren Perlen (dürr). Ihre Haare sind schwarz wie Moschus. Die Locke der Geliebten (zülf) ist gekrümmt wie ein Poloschläger. Darin hält sie den Geliebten gefangen. Der Ostwind, der Zephyr, fungiert als Liebesbote, der Kunde vom Geliebten zu der Geliebten bringt. Liebe (aşk) und Wein (bâde) werden häufig in verfallenen Gemäuern und Klöstern (harabât) genossen, das heißt in der Sphäre und im Ambiente der Andersgläubigen, der Christen oder Zoroastrier in Persien, denen der Alkohol erlaubt war. Das waren natürlich Zugeständnisse an das orthodoxe Religionsverständnis und seine Moral. Dadurch, dass man den Weingenuss mit Andersgläubigen in Verbindung brachte, war man als Muslim sozusagen exkulpiert.

Zur Thematik von Anakreontik und Panegyrik des Diwans gehörte selbstverständlich auch die Freigebigkeit (mürüvvet). Ihr Musterbild war der arabische Ritter und Dichter Hatim al-Tai, die Zierde seines Stammes. Inbild der Tapferkeit waren Alexander der Große (Iskender), aber auch andere Helden wie Rüstem, der Rostam des persischen Nationalepos »Schahname« (»Buch der Könige«) von Abol Qasem Ferdousi, das auf dem Höhepunkt der osmanischen Herrschaft unter Süleyman dem Prächtigen (1520–1566) schon ein halbes Jahrtausend alt war, und so weiter. Dies alles war zudem seit Generationen über die großen persischen Dichterkönige (mulûk-i şuara), ihre Gedichte und Epen, in die osmanische Literatur eingedrungen.

Der osmanische Diwan-Dichter hatte im eigentlichen Sinne nicht originell zu sein; das heißt, er musste selbst keine neuen Metaphern und Sprachspiele erfinden, sondern virtuos mit dem vorhandenen poetischen Material arbeiten. Die Art, wie er das machte, entschied über seinen Ruhm als Dichter. Dabei entstand ein höchs komplexes Geflecht von Sprache und Klang, mit dem verglichen große Teile der europäischen Lyrik relativ kunstlos wirken. Diesen Eindruck jedenfalls schildern Orientalen immer wieder, wenn sie erstmals mit europäischer Poesie bekannt werden. Neben den verschiedenen Formen des Reims, Paarreim oder Monoreim, kennt die Diwan-Dichtung eine Vielzahl von Assonanzen innerhalb der Verszeilen, das Echo oder den »Überreim« (redif) und Ähnliches. Angestrebt wird höchste Leichtigkeit des Verses. Eine Einheit sprachlicher wie inhaltlicher Natur soll der Doppelvers (beyit) bilden, der aus zwei Zeilen (misra) besteht. Besonderes Augenmerk und deshalb auch besondere Sorgfalt des Dichters gelten dem ersten Doppelvers sowie dem letzten. Im letzten gibt der Dichter durch die Erwähnung seines Namens (mahlas) sozusagen seine poetische Visitenkarte ab. Die beiden ersten Doppelverse konnten über die Qualität eines Gedichtes entscheiden, denn sie prägten sich, wenn sie gelungen waren, dem Gedächtnis des Hörers gut ein. Einen gelungenen Anfang nannte man hüsn-ü matla – Schönheit des Aufgesangs; und die Dichter wetteiferten darin, einen besonders schönen Aufgesang

zu finden. Immer auch ist der innere, der logische Zusammenhang innerhalb eines Gedichtes nur sehr lose und locker – anders als in westlicher Dichtung, wo innere Einheit des Ausgedrückten, ja logischer Zusammenhang zu den wichtigen Merkmalen zählen.
Auch Sprachklang und Melodie spielten, neben dem Rhythmus, der durch das Versmaß allerdings vorgegeben war, eine große Rolle. Wer osmanische Gedichte laut rezitiert, ist oftmals überrascht angesichts der Fülle des Wohllauts, der er begegnet. Dies relativiert, nebenbei bemerkt, auch die Ansicht ein wenig, das Türkische sei für den Aruz weniger geeignet gewesen als das Arabische oder Persische. Nicht zuletzt Yahya Kemal Beyatli verstand es, aus seinen Gedichten Sprachmusik zu machen. Seine Gedichte laut zu lesen, ist ein ästhetischer Hochgenuss.

Welche Realität wurde von dieser Dichtung abgebildet?

Schon der Ausdruck »Diwan-Poesie« macht deutlich, dass diese Art von Dichtung mit der Lebenswirklichkeit des einfachen Volkes, den Untertanen des Sultans, wenig bis nichts zu tun hatte. Der komplexe Zusammenhang einer islamischen Hofgesellschaft mit ihrer strengen Hierarchie findet in den ebenso komplexen Formen der Dichtung und ihrer ausgepichten, elitären Ästhetik seinen Ausdruck. Das Osmanische Reich war eine Form der Feudalgesellschaft, jedoch auch eine Meritokratie: Bei aller verkrusteten Hierarchisierung war das Leistungsprinzip ein Mittel für gesellschaftliche Durchlässigkeit. Dies galt für die Wesire, aber auch für die Dichter, die in Diensten des Sultanspalastes standen, also Hofdichter waren. Wie in den Feudalsystemen der Zeit üblich, konnte man in kurzer Zeit hoch aufsteigen, allerdings auch noch schneller fallen.
Diese Wirklichkeit war Gegenstand der osmanischen Poesie, bis hinein in ihre subtilsten Schattierungen und Verästelungen. In ihrer Art war sie auch gesellschaftlich relevant, obschon nicht als Ausdruck aller Gesellschaftsschichten. Die künstlichen Landschaften und Paradiese der herrschaftlichen Gärten finden ihr Pendant in den kunstvollen Geweben jener Poesien, die sie feierten und besangen. Es wurde deutlich, dass auch dieses höfische Korsett des Dichtens dennoch Raum ließ für menschliche Empfindungen aller Art, natürlich verpackt in einer elitären Wortästhetik. Das poetische Gewebe korrelierte auch mit den differenzierten Modi der osma-

nischen Kunstmusik, die ebenfalls feststanden, vom Komponisten jedoch entsprechend den Stimmungen, die er zum Ausdruck bringen wollte, eingesetzt wurden. Dies entsprach den poetischen Bildern und Metaphern in der Dichtung.

Gleichwohl konnte der Dichterberuf auch gefährlich werden. Zumindest einige Poeten betätigten sich auch auf dem Feld der Satire (hiciv), die auf das Gebaren der Großen, indirekt bisweilen auch des Herrschers selbst, abzielte, was prompt ihren Untergang herbeiführte. Das berühmteste Beispiel dafür war der großartige Poet Ömer Nef'i, der im Jahre 1635 seiner Lästerzunge zum Opfer fiel, als Sultan Murad IV. ihn nach mehrfachen Ermahnungen hinrichten ließ. Gegen seine Gedichte unter dem Titel »Sihâm-i kada« (»Schicksalspfeile«), in denen er hohe Würdenträger des Reiches in satirischer Weise geschmäht hatte, half ihm auch nicht, dass er den Sultan zuvor in einer berühmten Kasside, der »Kaside-i bahariye« oder »Frühlings-Ode«, über den grünen Klee gelobt hatte. Man sieht: Ganz so unpolitisch, wie es früher einmal hieß, war die Diwan-Poesie nicht, zumindest nicht immer. Ein treffendes Urteil über die Ästhetik des Diwans und die Welt, der er zum Ausdruck verhalf, fällte der türkische Lyriker und Literaturwissenschaftler Yüksel Pazarkaya (geb. 1941 in Izmir), als er vor vielen Jahren schrieb: »Den Realbezug dieser Dichtung sollte man daher in der Wirklichkeit des Hofes und seiner Umgebung suchen. Das indifferente und infizierte Hofleben findet in der von der Wirklichkeit des Volkes entrückten und entfremdeten osmanischen Sprache seine sprachliche Entsprechung. Ebenso ist sein Naturverständnis auf die gemachte Natur der Tulpen- und Rosengärten bezogen. Das lyrische Ich erfährt in solcher Umgebung kein anderes Erlebnis als eine untertänige, unterwürfige Ergebenheit. Dieser Erlebnisfadheit gegenüber steht ein völlig abstraktes, verinnerlichtes Erlebnis, das sich in der feinen, labyrinthischen Sprachstruktur der Gedichte manifestiert. Die Fülle der Metaphern, Bilder, Vergleiche, Chiasmen, Sprach- und Klangspiele gibt die Mittel für ein kunstvolles sprachliches Gewebe« (Pazarkaya, 1971). Dennoch gesteht dieser zeitgenössische kritische Geist auch der Diwan-Poesie dichterische Höchstleistungen zu.

Parallel zu der höfischen Dichtung kannte Anatolien auch immer eine Volksdichtung (halk edebiyati), die auf den Dörfern weit verbreitet war und sich sehr viel einfacherer prosodischer Formen bediente. Sie hatte eine eigene, silbenzählende Prosodie, einen

Wortschatz, der reineres, volksnäheres Türkisch enthielt als das Hoch-Osmanische, und auch andere Inhalte. In diesen einfacheren, oft vierzeiligen Strophen, die man auch zur Laute sang, wurden stärker konkrete menschliche Probleme behandelt. Gerade der Vierzeiler oder auch Gedichte mit kurzen vierzeiligen Strophen eigneten sich dafür besonders. Sogar die Liebesmystik, freilich weniger spiritualisiert als in der höfischen Klassik, spielte bei diesen Volksbarden, die man Aşik (Liebende) nannte, eine Rolle. Manche dieser populären Sänger, insbesondere jene, die dem Alevitentum (alevilik) nahestanden, wurden auch zur kritischen Stimme des Volkes. Insofern waren sie viel politischer als die angepassten Höflinge der Diwan-Poesie. Von ungebrochener Popularität, auch über das Territorium der heutigen Türkei hinaus, blieb immer der große mystische Dichter Yunus Emre (gest. um 1320), der sowohl den höfischen Aruz als auch die Formen der Volksdichtung, in denen er sich meistens äußerte, beherrschte.

Eine literarische Zwischenzeit: Türkische Dichter auf der Suche

Als Yahya Kemal Beyatli jung war, bemühten sich vor allem die Dichter der Edebiyat-i cedide (Neue Literatur) um neue Formen und Inhalte. Kemal nährte seine poetischen Vorstellungen aus drei Quellen: der klassischen Diwan-Poesie, der europäischen, vornehmlich französischen Poesie der Symbolisten und Parnassiens, deren Werke er in Paris kennengelernt hatte, und aus den Ideen und Vorstellungen jener um die Zeitschrift Servet-i Fünun gescharten spätosmanischen Dichter, deren bekanntester Repräsentant Tevfik Fikret (1867–1915) war. Mit Fikret und seinen Gesinnungsfreunden kommt ein stark lehrhafter, aufklärerischer Ton in die spätosmanische Dichtung; er will das Bewusstsein der Leser für die Notwendigkeit umfassender Erneuerung (yenileşme) schärfen und hält die Poesie für das geeignete Mittel dafür. Bei ihm sind auch – wie bei anderen Poeten dieser Jahre – Versuche zu erkennen, die Sprache des Dichters vom überflüssig gewordenen Wort-Zierrat der Vergangenheit zu befreien. Die Neue Literatur dieses Stils ist sozusagen die Antithese zur Diwan-Poesie, die schon deshalb zum Untergang verurteilt war, weil der Hof sich keine Hofdichter mehr leisten konnte oder wollte.

Die Zeitschrift Servet-i Fünun erschien zunächst nur zehn Jahre, von 1891 bis zu ihrem Verbot 1901, entfaltete allerdings eine ungeheure Wirkung auf die spätosmanische Literatur. Sie konstituierte jene literarische Zwischenzeit, die erst mit der Entstehung und dem Aufblühen der eigentlichen Nationalen Literatur (milli edebiyat) endete. Freilich ist der Übergang zwischen der Neuen Literatur und der Nationalen Literatur fließend, und einige Dichter gehören beiden Schulen oder Richtungen an. Servet-i Fünun konnte schließlich doch wieder erscheinen, mehr als 2000 Nummern bis zum Jahre 1944; sie fand aber auch eine Fortsetzung und ein Gegenstück in Fecr-i Ati, welche sich – obwohl unter etwas anderen ästhetischen Vorzeichen – ebenfalls die Erneuerung der Dichtung unter westlichem Einfluss zum Ziel gesetzt hatte. Neben Tevfik Fikret gehörte eine ganze Reihe von Schriftstellern dieser Richtung an, die auch heute noch einen guten Namen haben und deren Werke noch immer gelesen werden: Cenap Şehabettin, Halit Ziya Uşakligil, Hüseyin Cahit Yalçin, Ahmet Rasim und Mehmet Rauf, um nur die wichtigsten zu nennen. Şehabettin und Uşakligil sind sogar zum Range von Klassikern aufgestiegen, Uşakligils Roman »Aşk-i memnu« – »Verbotene Lieben« – genießt eine ungeheure Popularität, was auch durch die Verfilmung dieser Geschichte für das Fernsehen vor einiger Zeit deutlich wurde. Der bedeutendste Vertreter von Fecr-i Ati war der Lyriker Ahmet Haşim (1884–1933), aus Bagdad gebürtig, der in spätosmanischer Sprache symbolistisch inspirierte, schwebende Gedichte schuf, oft Vierzeiler, die Themen wie Abenddämmerung und Verfall gestalteten. Es ist eine Thematik, die auch bei Yahya Kemal vorkommt.

Was aber waren darüber hinaus die Vorstellungen dieser Dichter und Schriftsteller? Ihr Vorbild war die europäische, genauer westeuropäische, französische Literatur. Fikret wollte den Leser aufrütteln, ihm in einem realistischen Sinne die Augen öffnen für den wahren Zustand der damaligen Türkei. Nicht länger sollte man von Rose und Wein, von Nachtigall und Kerze singen. So ist denn auch der Titel einer der bedeutendsten Gedichtsammlungen Tevfik Fikrets bezeichnend: »Rubâb-i şikeste« – »Die zerbrochene Laute«. Der Dichter kann nicht mehr singen, was er früher einmal sang. Sein Instrument ist zerbrochen, seine alte Weise verstummt. Auch Halit Ziya wandte sich in seinen Romanen dem Realismus zu, am besten in seinem schon erwähnten epochalen Werk »Verbotene Lieben«. Es ist freilich nicht der Realismus Anatoliens, der Dörfer (köyler) und Kleinstädte (kasabalar), der erst später literaturwürdig wurde, sondern derjenige der gehobenen, verwestlichten Kreise in der Hauptstadt Konstantinopel. Sie haben einen Salon, lesen französische Romane, und ihre Töchter spielen selbstverständlich Chopin auf dem Klavier. Es sollte noch etliche Jahre dauern, bis der Realismus, umfassend verstanden, sich in den Dienst des gesamten türkischen Volkes stellte. Diese Entwicklung fiel so sehr mit dem Unabhängigkeitskrieg (istiklâl mücadelesi) und der neuen Staatsgründung unter Atatürk zusammen, wie sie umgekehrt, etwa bei einem Literaten und Wissenschaftler wie Ziya Gökalp, auf das Erreichen dieser Ziele hingearbeitet hatte. Ohne Gökalp, dies kann man ohne Übertreibung sagen, wäre die Türkei heute nicht das, was sie ist.

Türkismus und Nation – Türkçülük ve milliyetçilik

Eine enge persönliche Freundschaft und geistige Nähe verbanden Yahya Kemal und Ziya Gökalp (1876–1924), den wichtigsten Theoretiker einer türkischen Nationalkultur, dessen Einfluss bis heute Politik und Kulturleben der Türkei auf überragende Weise geprägt hat – im Guten wie im Schlechten. Gökalp stammte, ganz anders als Yahya Kemal, aus dem Osten des Reiches, aus Diyarbakir. Er war kurdischer Herkunft, und diese ostanatolische Stadt wurde zu jener Zeit fast nur von Kurden bewohnt. Es entbehrt nicht einer gewissen Pikanterie, dass der bedeutendste Verfechter der Schaffung einer türkischen Nation, eines Nationalstaates und einer nationaltürkischen Kultur ausgerechnet kurdischer Abstammung gewesen ist. Angesichts der bis heute ungelösten Kurden-Problematik kann man sich vorstellen, dass Gökalps Ruf bei den in der Türkei lebenden Kurden nicht ganz so unantastbar ist wie bei den Türken. Auch kann man seine Schriften zum Türkismus liberal oder radikal auslegen. Gökalp wird von moderaten, national gesinnten Türken heute ebenso als Zeuge für ihr Denken und ihre politischen Anschauungen herangezogen wie von den türkischen Faschisten (ülkücüler, »Idealisten«), die sich ebenfalls auf ihn berufen.

Gökalp war eigentlich Soziologe, doch schrieb er auch Gedichte. Sein theoretisches Hauptwerk ist das immer wieder aufgelegte, als Klassiker geltende Buch »Grundlagen des Türkismus« (»Türkçülüğün Esaslari«). Es ist so etwas wie die Bibel der modernen Türkei geworden, immer wieder zitiert, teilweise auch in Einzelheiten umstritten. Gökalp legte darin nicht mehr und nicht weniger als die Basis für eine umfassende Kulturrevolution, denn alle Bereiche der Kultur, von der Sprache und der Dichtung angefangen bis zur islamischen Religion, zur Ethik, Wirtschaft und Politik sollten nach seiner Auffassung türkisiert werden. Besonders hart ins Gericht ging er mit »Osmali lisani«, dem Idiom der maßgebenden, höheren Kreise Istanbuls, das heißt mit jenem Osmanisch, das auch er natürlich erlernen musste, um mitreden zu können, und das oft kaum noch türkische Wörter enthielt – eine dem »Volk« unverständliche Sprache.

Gökalp schreibt dazu: »Die nationale Sprache der Türkei ist das Istanbul-Türkisch, daran gibt es keinen Zweifel. Aber in Istanbul gibt es zwei [Arten von] Türkisch: Eine, der Istanbuler Dialekt (Istanbul lehçesi), wird gesprochen, aber nicht geschrieben, die andere, die osmanische Sprache (Osmanli lisani), wird geschrieben, doch nicht gesprochen. Welche von diesen wird nun unsere nationale Sprache werden?« Gökalp votiert nach dem Vorbild anderer Länder für die gesprochene Sprache, denn »in allen anderen Hauptstädten sind gesprochene und geschriebene Sprache gleich (Fakat başka başkentlerin hepsinde, konuşulan dille yazilan dil ayni şeydir)«.

Die türkische Sprache steht zweifelsohne im Zentrum von Gökalps Programmschrift, doch beschäftigt sich »Die Grundlagen des Türkismus« auf umfassende Weise auch mit einer erneuerten türkischen Kultur in all ihren Facetten. So schreibt Gökalp über die »Ästhetik der Türken«: »Das Verständnis für die schönen Künste war bei den frühen Türken hoch entwickelt. Die in den Ländern Turans [d. h. Mittelasiens, d. V.] entdeckten Statuen (gemeint sind die »balbal« genannten Figuren in der Mongolei, d. V.) stehen in keiner Weise hinter den griechischen zurück. Die Moscheen, Paläste, Grabstätten, Brücken und Brunnen, welche die Turaner, die Ichschididen, die Seldschuken, die Choresm-Türken, die Ilchaniden, die Timuriden, die Osmanen, die Akkoyunlu und die Karakoyunlu in Ägypten, dem Irak, in Syrien, in Anatolien, in Iran, in Turkestan, in Indien und Afghanistan errichtet haben, zählen zu den schönsten Bauwerken der Welt ... (in: Kirchner, 2008).«

In seinen eigenen Dichtungen sind nationale Töne und eine Religiosität, die sich vom traditionellen Religionsgesetz (şeriat) entfernt, charakteristisch. Nicht von ungefähr wurde Gökalp bekannt mit Zeilen wie diesen:

Nicht aus Furcht noch Paradiesverlangen,
aus Liebe bete ich zu meinem Gott ...
Mehr als eine Geliebte zu haben, ist ein
Unding ...

Gökalps Religiosität zeigt also Spuren einer Beschäftigung mit der Mystik, die in Gott die Quelle der Liebe und des (platonisch) Guten sieht, nicht den strafenden Richter der Eschatologie, der islamischen Endzeitlehre, und des Şeriat-Gesetzes.

Dies dürfte auch der Punkt gewesen sein, an dem sich der Propagandist des Türkismus Ziya Gökalp und der Dichter Yahya Kemal Beyatli am besten verstanden und ergänzt haben mögen, denn die neo-klassizistische Gesinnung Yahya Kemals, seine Verehrung für die Diwan-Dichtung widersprach eben teilweise dem neuen Konzept von Literatur und Sprache, obwohl Beyatli durchaus für eine Erneuerung des Türkischen war. Gökalps (und anderer) Abschweifungen in die mittelasiatischen (turanischen) und vorislamischen Gefilde hingegen machte er nicht so gerne mit wie deren dezidierte Enthusiasten. Es gibt beispielsweise kein einziges Gedicht aus der Feder Yahya Kemals, das Elemente des alten, vorislamischen, mittelasiatischen Türkentums aufgreift. Der Freundschaft beider tat dies keinen Abbruch. Allerdings starb Gökalp schon 1924, da war die Republik erst ein Jahr alt. So konnte der kurdische Türke gar nicht mehr miterleben, wie sein ideologisches Programm unter Mustafa Kemal Atatürk weitgehend verwirklicht wurde.

Yahya Kemals Istanbuler Jahre

Nach seiner Rückkehr aus dem Pariser Exil wurde Yahya Kemal nicht nur ein Dozent für Studenten, sondern auch ein Lehrer des gesamten Volkes. Dazu brauchte es indes noch ein wenig Zeit, denn es war nicht einfach, einen Beruf zu finden. Der junge Dichter und frisch gebackene Historiker lernte die Cafés von Istanbul schätzen, wo er sich mit Gleichgesinnten austauschte. Es waren wohl etwas bohemehafte Zustände, die Kemal damals prägten, ganz im Sinne seiner literarischen Vorbilder in Frankreich, und es war die turbulenteste Epoche der Türkei im 20. Jahrhundert, da das Osmanische Reich in kurzer Zeit wie ein Kartenhaus zusammenbrach, die türkische Nation von auswärtigen Mächten (Entente, Griechen) militärisch wie politisch in ihrer Existenz bedroht war, schließlich aber wie der Phönix aus der Asche wiederauferstand. Genau im Jahr der Republikgründung, 1923, endete Yahya Kemals erste Lebensperiode als akademisch Lehrender in Istanbul, denn er wurde Diplomat. Doch in diesen zehn Jahren übte er einen kaum zu überschätzenden Einfluss auf viele Intellektuelle aus, die auf der Suche nach neuen sprachlichen und ästhetischen Normen waren.

Zuerst lehrte er Geschichte und Literatur an der Darüşşafaka-Schule, dann wurde er Geschichtslehrer an der Predigerschule Medreset-ül Vaizin und las über Geschichte der Zivilisation und allgemeine Kulturgeschichte. Im Jahre 1915 wurde er in den Lehrkörper der Universität Istanbul aufgenommen, die damals noch ihren alten Namen Darülfünun – Haus der Wissenschaften oder Künste – trug. Er dozierte dort über Kulturgeschichte sowie westliche und türkische Literatur. Das Darülfünun – heute Istanbul Üniversitesi, hinter dem Beyazit-Platz gelegen – war schon Mitte des 19. Jahrhunderts entstanden und hatte längst nicht den Stand europäischer Universitäten erreicht, obwohl viele Leute dort wirkten, die ihre Ausbildung bereits unter westlichen Vorzeichen erhalten hatten. In der Tanzimât-Periode war es nicht leicht gewesen, diese erste Universität dem reaktionären Geist der Allzu-Frommen, der Hocas und der Softas (Theologiestudenten) abzutrotzen. Und natürlich hatte auch der despotische und misstrauische Abdülhamit II. diese Lehranstalt nicht gemocht. Sie wurde aber ein Ort künftiger Elitebildung, die auch dem Wirken Atatürks zunutze sein sollte. Viele an Literatur Interessierte hörten damals die Vorlesungen Yahya Kemals. Eindrucksvoll beschreibt zum Beispiel der große Ahmet Hamdi Tanpınar, wie er der ersten Stunde entgegenfieberte, die er bei dem Literaturdozenten Kemal haben sollte. Sein Verhältnis zu dem Dichter sollte so eng werden, dass man ihn mit Fug und Recht als seinen literarischen und ästhetischen Mentor bezeichnen kann. Und Tanpınar kann heute als der bedeutendste Schüler Kemals im Geiste gelten, in dessen Schaffen sich alle sprachlichen, poetischen und kulturellen Fragen wiederfinden, die auch seinen Lehrer einstmals bewegten.

Was lehrte Kemal seine Schüler? Die Vorstellung, dass er als der letzte »Osmane« und Neo-Klassizist besonders konservativ gewesen sei, wird von allen bestritten, die ihn kannten; im Gegenteil. Yahya Kemal war viel zu sehr beim Aufbau der Republik engagiert, als dass er immer nur am Alten haften geblieben wäre – allein um des Alten willen. Der Dichter war ein der Zukunft zugewandter Geist, der allerdings noch eine zweite Seele in der Brust hatte: Sie war nicht gewillt, ästhetisch und sprachlich mit allem zu brechen, was bis dahin gegolten hatte. Der Dichter war auch zu sehr ausgebildeter Historiker, als dass er die Gefahren einer allzu oberflächlich missachteten geschichtlichen und kulturgeschichtlichen Kontinuität nicht gekannt hätte. Er war für eine Erneuerung der Dichtkunst, vertrat jedoch die Auffassung, jeder Dichter müsse zunächst einmal das Handwerk erlernen. Dabei machte er kein Hehl daraus, dass dies hieß: die *Klassiker* zu studieren. Er meinte damit nicht allein die Klassiker der antiken und europäischen Dichtkunst, sondern auch und gerade die Klassiker der alten Poesie. Wer nach neuen Ufern strebe, müsse selbst erst ein Meister sein, und nichts eigne sich besser, um dies zu werden, als die Einfühlung und Einübung in die alten Formen.

Wie recht Kemal hatte, erhellt sich schon aus der Tatsache, dass auch die großen Meister der revolutionären Lyrik, die ja noch zu seinen Lebzeiten auftraten, fast alle in traditioneller Manier zu dichten begannen, bevor sie die türkische Dichtung vom Kopf auf die Füße stellten. Als Ahmet Hamdi einmal seinen poetologischen Rat erbat, meinte Yahya Kemal, wie Tanpinar berichtet, ganz lapidar: »Studieren Sie die alten Meister, die Klassiker« (Tanpinar, 1993).

Wie sah nun Kemals eigene Poetologie aus? Sie war traditionalistisch mit Neigungen zur Öffnung, zu offeneren Formen. In der Regel verwendet Beyatli den Paarreim, doch sprengt er gelegentlich die innere Einheit des Doppelverses. Dazu meint Annemarie Schimmel, die ein Faible für Beyatlis Dichtungen und deren schwebenden Ton hatte:

»Yahya Kemals Gedichte zeigen eine ähnliche Wortkunst wie die Haşims, doch sind sie in ihrer Form strenger, streifen zu Zeiten ans Balladeske ... Yahya Kemal hat, trotz einer Bevorzugung der klassischen Metren und einer Verwendung persisch-arabischer Worte, durch eine gewisse Auflockerung der Form (Hinüberziehen eines Gedankens durch mehrere Verse, was in der klassischen Dichtung nicht geschätzt war) und durch die scheinbare Schwerelosigkeit seiner Zeilen einen großen Schritt vorwärts, zur modernen und modernsten Lyrik getan.« (Schimmel, 1993)

Viele überkommene Bilder aus der Diwan-Poesie und der Sprache der Mystik wurden genommen, um eine Stimmung zu erzeugen, die man als Beschwörung der Vergänglichkeit, als ein Changieren zwischen Traum und Wirklichkeit charakterisieren könnte, wobei der Wirklichkeit – dies ist wohl ein Erbe der islamischen Mystik – etwas Traumartiges anhaftet. Rüya und hulya, Traum und Phantasie – das sind Wörter, die der Dichter besonders gerne verwendet. Schlaf, Nacht, Abenddämmerung, Dunkel, Stille, Schweigen gehören ebenfalls dazu. Natürlich liegt es nahe, in dieser Bildersprache und ihrer Verwendung einen Widerschein der kulturellen und politischen Dekadenz des Osmanentums zu sehen. Doch dies allein wäre wohl zu wenig. Schon immer haben Dichter den Verdacht gehegt, dass der sogenannten Wirklichkeit etwas Traumartiges im Sinne Schopenhauers oder der indischen Philosophie anhafte, oder, umgekehrt, dass die Phantasie des Poeten die »reale« Wirklichkeit an Wirklichkeitsgehalt sogar übertrifft. »Alles, was wir sind und schaun, ist nur der Traum in einem Traum«, dichtete der Amerikaner Edgar Allan Poe (1809–1849) einmal und schlug damit ein Leitmotiv romantischer Literatur überhaupt an. Es ist ein Thema, das auch bis heute die Erkenntnistheoretiker beschäftigt. Was erkennen wir, wenn wir erkennen? Ein getreues Abbild der Wirklichkeit oder schaffen wir selbst ein Bild der Welt, das wir für ein genaues Abbild von ihr halten? Yahya Kemal war wohl auch ein Romantiker mit einem Sinn für das Doppelbödig-Flüchtige, Traumartige des Seins.

Dass der Dichter durchaus zu modernen Experimenten bereit war, zeigt schon seine berühmte Anthologie »Kendi Gök Kubbemiz«, in der sich etliche reimlose Gedichte in freien rhythmischen Verszeilen finden: »Istanbul ufuktaydi« (»Istanbul war am Horizont«), »Ufuklar« (»Horizonte«) und »Eski Paris« (»Das alte Paris«), ein autobiographisches Gedicht, das seine Bildungserlebnisse in der Hauptstadt der Moderne thematisiert.

Seine Ansichten über die Dichtkunst wie über ästhetische Fragen an sich hat Yahya Kemal zu seinen Lebzeiten nicht in einem systematisch strukturierten Buch zu Papier gebracht. Sie wurden später aus Artikeln, Vorträgen, Vorlesungen und privaten Erläuterungen und Aufzeichnungen zusammengestellt, etwa in dem Band »Edebiyata dair« – »Die Literatur betreffend«. Dieser Band enthält als Sammlung von längeren oder kürzeren Aufsätzen und Artikeln eine ungeheure Fülle von Material zu diesem Thema. Hinzugefügt hat der Herausgeber Gespräche mit Yahya Kemal über literarische und ästhetische Probleme sowie unvollendete Arbeiten. Im Hauptteil des Buches erfährt man Ansichten des Dichters über Lyrik (şiir), über die alte Literatur (eski edebiyat), über die türkische Sprache (Türkçeye dair), über die Kritik (tenkid) sowie das Theater – eine junge, um nicht zu sagen neue Gattung innerhalb der Literatur der Türken. Vor allem Diskussionen über die türkische Sprache waren zu jener Zeit weitverbreitet, und Gökalp oder Kemal waren keineswegs die ersten, die diesen Komplex aufgriffen. Dichter und Gelehrter zu sein, wie etwa ein Şemsettin Sami (1850–1904), war ein Erbe der osmanischen Kultur, und eben jener Sami – eigentlich ein Albaner mit dem Namen Sami Frasheri – war der prominenteste Sprachdenker in der spätosmanischen Periode, der auch schon über eine Vereinfachung der für das Türkische gebräuchlichen arabischen Schrift nachdachte. Nicht zuletzt, weil auch seine albanische Muttersprache mit arabischen Zeichen geschrieben wurde.

Diplomat und Patriot: Ein Dichter in der Welt

Nach der Gründung der Republik wurde Yahya Kemal Beyatli zunächst an die Botschaft in Warschau entsandt. Eine Premiere war dies in jeder Hinsicht. Es war eine Umstellung vom Universitätslehrer zum Diplomaten, doch hatte Kemal nun die Möglichkeit, das im Studium erworbene Wissen praktisch an den Mann zu bringen. Da der Dichter Feuer und Flamme für die gerade frisch gebackene Republik war, übernahm er den diplomatischen Dienst an ihr als Patriot mit Freude. Überdies bot ein Posten an einer Botschaft genug Spielraum, um weiterhin literarisch tätig zu sein, wofür es Beispiele gab; etwa Abdülhak Hamit Tarhan (1852–1937), der – obschon auf Botschafterposten in wichtigen europäischen Hauptstädten – dennoch zum Schöpfer bedeutender historischer Dramen, aber auch von Lyrik wurde. Auch war dies eine Gelegenheit, den schwierigen Aufbruchsverhältnissen der Türkei mit ihren politischen Querelen zu entrinnen und Welthaltigkeit aufzunehmen.

Kemals Diplomatenkarriere dauerte bis zu seiner Pensionierung im Jahre 1949; zuletzt war er Botschafter in dem gerade gegründeten Pakistan. Immer hatten die Muslime des indischen Subkontinents mit einer gewissen Zuneigung auf die Türkei geblickt, ja in den zwanziger Jahren sogar gehofft, Kemal Pascha Atatürk werde sich zum neuen Kalifen ausrufen lassen; dass nun, nach Erringung ihrer Staatlichkeit, der am meisten angesehene Dichter der Türkei als Diplomat in ihr Land kam, wussten sie besonders zu schätzen. Davor war Kemal auf Posten in Spanien (1929) und Portugal (seit

1931) gewesen. Doch der Dichter mischte auch in der Innenpolitik mit: Viele Jahre war er Abgeordneter verschiedener Provinzen in der Türkischen Großen Nationalversammlung, so von Urfa, Yozgat, Tekirdağ und zuletzt von Istanbul.

Bis heute ist die Verbindung zwischen Literaten, Dichtern und einem politischen Amt nicht ungewöhnlich, eher schon die Regel. Erst recht galt dies für die Anfangsjahre der Republik, in denen jeder gefordert war, seinen Anteil am Aufbau des neuen Staates zu leisten. Zu den wichtigsten diplomatischen Missionen gehörte schon 1922/23 die Teilnahme Yahya Kemals als Berater (müşavir) an den schwierigen, doch letztlich erfolgreichen Verhandlungen der neuen Türkei in Lausanne. Es gelang den Repräsentanten Atatürks und der nationalen Regierung 1923, die demütigenden Bestimmungen der Abmachungen von Sèvres aus dem Jahre 1920 rückgängig zu machen; diese hatten eine Aufteilung, ja Zerstückelung der Nachkriegs-Türkei zugunsten der Westmächte, Griechenlands, Armeniens, Italiens und der Kurden vorgesehen. Für die Türken selbst wäre dabei nur noch ein kleines, bescheidenes Territorium rund um Ankara übrig geblieben. Politisch stand der Dichter ganz auf Seiten der Patrioten und Nationalisten sowie der modernen Erneuerung. In Lausanne fand Kemal zum ersten Mal Gelegenheit, seine im Studium über das Wesen und die Geschichte der Diplomatie erworbenen Kenntnisse in die Tat umzusetzen. Und die Geschichte als solche bildet immer wieder einen wichtigen Hintergrund für seine Gedichte, denen wir uns nun in einer repräsentativen Auswahl zuwenden wollen.

Aus den Werken Yahya Kemals

Nicht ein einziges Buch Yahya Kemal Beyatlis ist zu seinen Lebzeiten publiziert worden, alle seine Gedichtsammlungen wurden postum veröffentlicht. Jahrzehntelang wurden die Liebhaber seiner Poesie über die Zeitungen mit seinen jeweils neuen Gedichten bekannt. Dies galt auch für seine relativ wenigen Prosastücke, die ebenso vereinzelt in verstreuten Publikationen ihren Platz fanden, bevor man sie als Buch herausgab. In den sechziger und siebziger Jahren erschienen die Bände dann in umso rascherer Folge: »Kendi gök kubbemiz« (»Unsere eigene Himmelskuppel«), 1961, »Eski şiirin rüzgariyla« (»Mit dem Wind der alten Dichtung«), 1962, »Rübâiler« (»Vierzeiler«), 1963, »Hayyam rübâilerini Türkçe söyleyiş« (»Die Vierzeiler Chajjams auf Türkisch«), 1963, »Aziz Istanbul« (»Geliebtes Istanbul«), 1964, »Eğil dağlar« (»Steile Berge«), 1966, »Siyasi hikâyeler« (»Politische Geschichten«), 1968; schließlich, im gleichen Jahr, »Siyasi ve edebi portreler« (»Politische und literarische Porträts«). Doch der Nachlass gab noch mehr Material her. 1971 erschien »Edebiyata dair« (»Über Literatur«), 1973 »Çocukluğum, gençliğim, siyasi ve edebi hatiralarim« (»Meine Kindheit und Jugend, politische und literarische Erinnerungen«), 1975 »Tarih müsahâbeleri« (»Geschichtsplaudereien«), 1976 »Bitmemiş şiirler« (»Unvollendete Gedichte«) und 1977 »Mektuplar-makaleler«, »Briefe und Artikel«. Die bekannteste Sammlung der Gedichte, »Kendi gök kubbemiz«, enthält zudem die Teile »Yol düşünceleri« (»Weggedanken«) und »Vuslat« (»Vereinigung«). Die Gesamtausgabe soll einmal gegen zwanzig Bände umfassen. Wie vergleichsweise wenig das für türkische Verhältnisse ist, sieht man an der Tatsache, dass zum Beispiel von einem Autor wie dem Satiriker und Humoristen Aziz Nesin (1915–1995) zu seinen Lebzeiten mehr als hundert Bände erschienen sind; und aus dem Nachlass werden wohl noch etliche Bände mehr ihren Verleger finden können.

Die im Folgenden wiedergegebenen Gedichte sind eine Auswahl, die für die Wortästhetik des Dichters sowie für die Aussagen und Empfindungen, die in seinen Werken die wichtigste Rolle spielen, charakteristisch sind. Ein Teil der Gedichte ist vom Autor dieses Büchleins selbst übertragen worden, ein anderer Teil stammt von Übersetzern, die sich schon früher in Deutschland mit diesem Dichter beschäftigt haben, etwa Yüksel Pazarkaya und Annemarie Schimmel, die eine besondere Neigung zu Yahya Kemals Dichtung hatte. Um einen Eindruck von der Sprachmusik zu geben, die für Yahya Kemals Gedichte typisch ist, bringen wir die jeweils ersten Verse oder die erste Strophe im türkischen Original, man sollte sie laut lesen.

Açik Deniz / Offenes Meer

Balkan şehirlerinde geçerken çocukluğum,
Her lahza bir alev gibi hasretti duyduğum
Kalbimde vardı »Byron«u bedbaht eden Melal!
Gezdim o yaşta dağlari, hulyam içinde lal,
Aldim Rakofca kirlarinin hür havasini,
Duydum akinci cedlerimin ihtirasini,
Her yaz, şimale doğru, asirlarca bir koşu …
Bağrimda bir akis gibi kalmiş uğultulu …

Als ich in des Balkans Städten meine Jugend verbrachte,
fühlte ich eine Sehnsucht, die der Flamme glich.
In meinem Herzen jene Trauer, die auch Byron betrübte,
durchstreifte die Berge, hatte Phantastereien im Kopf,
atmete die freie Luft der Ebenen Rakofdschas,
fühlte die Begierde meiner kriegerischen Ahnen,
Jahrhunderte lang brachen sie sommers in den Norden auf …
In meinem Haupt blieb das Lärmen, einem Echo gleich …

Dieses Gedicht, eines der berühmtesten Yahya Kemals überhaupt, schlägt schon eines der wichtigen Themen im Erleben und Denken des Dichters an: Herkunft und Heimat. Die »freie Luft der Ebenen Rakofdschas« ist eine Erinnerung an die Jugendjahre, die der Dichter auf dem Landgut (çiftlik) seiner Eltern bei Üsküp / Skopje verbrachte. Auch die folgenden Gedichte werden davon sprechen. In seiner wichtigsten Anthologie »Kendi Gök Kubbemiz«, »Unsere eigene Himmelskuppel«, steht es nicht umsonst an zweiter Stelle, nach dem umfangreichen Introitus über die Süleymaniye-Moschee am Bayram, in deren Bau und Architektur sich der Geist eines Weltreiches inkarniert hat. Der Balkan ist für Yahya Kemal nicht nur Ort der individuellen Geburt, sondern Herkunftsort seiner Ahnen, die Jahrhunderte zuvor an der Eroberung der Halbinsel für den Halbmond beteiligt gewesen waren. Etliche Poeme Kemals thematisieren diese Herkunft, die nun freilich nichts mehr ist als ein Nachhall, ein Echo, denn die große Zeit der Osmanen ist vorüber, ihre Herrschaft dort längst Geschichte geworden. Wem könnte dies noch tiefer bewusst sein als einem Menschen, der zum Historiker ausgebildet wurde?

Mohaç Türküsü / Das Lied von Mohács
Bizdik o hücumun bütün aşkiyla kanatli,
Bizdik o sabah ilk atilan safta yüz atli.
Uçtuk Mohaç ufkunda görünmek hevesiyle,
Canlandi o meşhur ova at kişnemesiyle! …

Wir waren bei jenem Angriff alle in Liebe
vereint,
wir, an jenem Morgen mit hundert Pferden
in der ersten Reihe.
Begierig flogen wir, am Horizont von Mohács
uns zu zeigen,
jene berühmte Ebene belebte das Wiehern unser
Pferde.
Ein Tag war dies, da Eroberung erleuchtete
die Erde,
dort, wo wir das Leben hingegeben, voller Eifer.
Einer Rosenwangen-Schönheit gleich, eine Tulpe
jeder Kuss:
Im Schoß des Sieges schuf die Einigung
Genuss.
Der Welt entsagten wir, mit straffem Zügel ein
Rennen,
unser letzter Sturmlauf dies! Jahrhunderte
sollen ihn kennen!

Ein letztes Mal im Kampf, um uns zu öffnen den
Himmel,
auf dem Weg zu Gott inmitten der Engel
Gewimmel.
Wir alle im Galopp durch diese Himmelspforte,
die ewigen Ahnen-Geister zu sehen an ihrem
Orte.

Auch dieses Gedicht gehört zu jenen, die von Yahya Kemals balkanischer Heimat inspiriert sind. Unter seinen historisierend-politischen Gedichten nimmt es einen prominenten Platz ein. Die hier besungene Schlacht von Mohács, die im Jahre 1526 stattfand, gehört zu den wichtigsten Waffengängen der Osmanen überhaupt. Sie schrieb Weltgeschichte. Nachdem sich die Türken im Jahre 1389 in der nicht weniger berühmten Schlacht auf dem Amselfeld, Kosovo Polje, unter Sultan Murad die Herrschaft über den südlichen Balkan endgültig gesichert hatten, gelang ihnen das durch den triumphalen Sieg von Mohács für den nördlichen Balkan unter dem großen Sultan Süleyman, den man in Europa unter dem Beinamen »der Prächtige« kennt, in der Türkei aber als »kanuni«, Gesetzgeber, verehrt. Zudem wurde Ungarn erobert und verblieb bis zum Ende des 17. Jahrhunderts beim Osmanischen Reich. Budapest war länger als hundertfünfzig Jahre eine türkisch geprägte Stadt, wovon noch heute manche Baulichkeit zeugt, etwa die Türbe des Gül Baba und die Budapester Bäder. Das eroberte Ungarn wurde darüber hinaus drei Jahre später der strategische Ausgangspunkt für die erste Belagerung Wiens 1529, die der Sultan jedoch nach kurzer Zeit erfolglos abbrach. Das Ziel, die Eroberung der Kaiserstadt Wien, von den Osmanen Kizil elma, Roter Apfel, genannt, blieb jedoch für Jahrhunderte als Aufgabe für die Herrscher bestehen, und 1683 fehlte nicht eben viel bis zur Einnahme der Stadt durch die Türken. Dass Dichter der Türkei solche Wegmarken der Geschichte in poetischen Gebilden feiern, ist normal; ja gerade in der republikanischen Zeit, als es galt, einen gewissen nationalen Patriotismus erst zu erzeugen und dann zu fördern, war der Wunsch nach solcher Selbststilisierung groß. Freilich schlug Yahya Kemal niemals den hochmütigen Ton »patriotischer« Extremisten an. Schlachten und Kriege sind für ihn nicht nur große Taten der eigenen Nation, sondern auch Opfergänge – in des Wortes wahrster Bedeutung. Opfergänge, die hunderttau-

sende Tote kosteten. Im Übrigen: jene Dichtungen aus dem Kreis der
damals gegen die Osmanen kämpfenden christlichen Völker, wie
eben der Serben, sind nicht weniger nationalistisch gefärbt.

Kaybolan şehir / Die verlorene Stadt

Üsküp ki Yildirim Bayazid Han diyâridir,
Evlad-i fatihâna onun yadigaridir…

Üsküb, du Land des Bayazid, des Wetterstrahles,
in dem die Kinder der Eroberer sein gedenken.
Mit Siegerkuppeln war dies unsere Stadt,
uns einzig, und mit Leib und Seele unsre Stadt.
Üsküb, wo Bursa sich im Schar-Gebirge zeigte,
ein Tulpengarten, reich mit reinem Blut
gegossen.
Die Waffen dreier Kriege, ruhmvoll,
am Himmel aufgehängt,
ein Herbst war's, da wir dort die Mutter
in die Erde legten.
In meinem Herzen blieb die verlorene Stadt,
einem Traumbild gleich,
und die Trennungssehnsucht in der Tiefe.
Wenn auch die Trennung dauert,
viele Jahre auch vergangen sind,
selbst wenn wir nicht mehr in dir leben,
so lebst du doch in uns.

Ein Verlust-Gedicht auch dies, das für sich selbst spricht. Die Geburtsstadt des Dichters ging den Türken verloren, wie die gesamte Balkan-Halbinsel, die sie einmal beherrscht hatten – in großer Zeit. Die aber ist nun vorüber. Schon unter Beyazit I. Ende des 14. Jahrhunderts war Skopje endgültig erobert und in Üsküp umbenannt worden. Ein osmanisches Zentrum des südlichen Balkans wurde die Stadt, wie Edirne oder Monastir, und dies für mehr als fünfhundert Jahre, denn die Stadt war schon osmanisch, als Konstantinopel längst nicht erobert worden war. Und sie schenkte der Kultur und Politik des Reiches einige bedeutende Leute. Jeden Balkan-Türken, der heute die Nachfolgestaaten des Osmanischen Reiches auf der Halbinsel besucht, überkommt eine mit Trauer gemischte Nostalgie. Umgekehrt empfinden die einstmals von den Osmanen beherrschten Balkan-Christen diese Zeit immer noch als ein bedrückendes Joch; ein abgeklärtes Verhältnis hat man noch nicht gewonnen. Dass Kemal das Osmanentum immer wieder verklärte, entsprach nicht unbedingt dem Zeitgeist.

1918

Ölenler öldü, kalanlarla muztarip kaldik,
Vatanda hor görülen bir cemaatiz artik
Ölenler en sonu kurtuldular bu dağdağadan
Ve göz kapaklarinin arkasinda eski Vatan
Bizim diyar olarak kaldi tâ kiyamete dek.

Die Sterbenden gingen, voll Sorge blieben wir mit
Lebenden zurück.
Verachtet als Gemeinschaft sind wir in der
Heimat jetzt,
die Sterbenden wenigstens wurden aus diesem
Wirrwarr gerettet,
Und hinter den Lidern dieses alte Vaterland
Unser wird es bleiben bis zum Tage des Gerichts ...

Das Jahr 1918 war für die Osmanen das annus horribilis schlechthin. Nach mehr als sechshundert Jahren brach ihre Herrschaft zusammen. Seit 1912 hatte man nur Krieg gesehen: zuerst den ersten Balkankrieg, dann den zweiten. Diese blutigen Wirren führten zu einem gewaltigen Exodus der muslimisch-türkischen Bevölkerung von der Balkan-Halbinsel; nur noch kleine Minderheiten blieben zurück. Seither ist der östliche Zipfel Thrakiens sozusagen der Restbestand des ehemaligen Reiches auf europäischem Boden, und dies sind gerade einmal drei Prozent der heutigen Türkei. Als Folge des verlorenen Ersten Weltkrieges verloren die Türken auch alle asiatischen Besitzungen. Auch aus diesen Gebieten ergoss sich ein Strom von Flüchtlingen nach Anatolien zurück, oft ebenfalls nach Istanbul / Konstantinopel. Doch damit nicht genug: Fremde Mächte nutzten den Kollaps des Reiches aus, um sich dessen territoriale Restbestände anzueigen. Am entschiedensten die Griechen mit ihrer »meghali idea«, die am Ende katastrophal scheiterte. Beyatli wollte den Überlebenswillen seiner Landsleute anregen, aus der Katastrophe neue Kraft schöpfen.

Akinci / Streifschar

Bin atli, akinlarda çocuklar gibi şendik,
Bin atli o gün dev gibi bir orduyu yendik!

Mit tausend Rössern waren wir
wie Kinder fröhlich, als wir stürmten,
mit tausend Rössern schlugen wir
ein riesenstarkes Heer!
Vorwärts! Der Ruf, den unser Bey uns gab,
mit unsern Scharen von der Donau,
eines Sommertags …

Und einer Fanfare gleich wiederholt der Dichter am Ende die beiden ersten Verse, in denen hervorgehoben wird, dass man praktisch nur in einer Stimmung des frohen Mutes imstande war, ein gewaltiges Heer zu besiegen. Gewiss wollte der Dichter damit zum Ausdruck bringen, dass die Osmanen damals noch eine junge, frische, historisch gesehen dynamische Macht waren, die dem Höhepunkt ihrer Herrschaft erst noch entgegenstrebte:

Mit tausend Rössern waren wir
wie Kinder fröhlich, als wir stürmten,
mit tausend Rössern schlugen wir
ein riesenstarkes Heer!

Dies ist nochmals ein Herkunfts- und Abschiedsgedicht, Beschwörung balkanischer Geschichte unter türkischem Vorzeichen. Unter »akinci« verstanden die Osmanen jene Streifscharen, im Grunde Irregulären, die das Heer der Osmanen als »Renner und Brenner« – so die christliche Nomenklatur – begleiteten und Angst und Schrecken verbreiteten. Oftmals bildeten sie die Vorhut der türkischen Heere, bereiteten durch eine Taktik der »verbrannten Erde« – jedenfalls der Zerstörung – dem osmanischen Heer den Weg. Yahya Kemal thematisiert hier abermals, dass seine Vorfahren zu jenen wilden Reitern und Gesellen gehörten, welche die Eroberungen der Sultane trugen. Man denke an den Namen »Beyatli«, der, wie wir sahen, nichts anderes als Ritter oder Reiter bedeutet. Die christliche Seite sah naturgemäß in den »akinci« die Vorankündigung des Weltendes, den Vortrupp der apokalyptischen Reiter und des Antichrist. Doch als Yahya Kemal seine Gedichte schrieb, war dies alles in sein Gegenteil verkehrt: Die Türken-Herrschaft auf dem Balkan begann schon Erinnerung zu werden.

Eski Paris / Das alte Paris

Eski Paris'de bir ömür geçti,
Jaures'in gür sadasi devrinde …

Im alten Paris ging ein Leben dahin,
zur Zeit, da Jaures' machtvolle Stimme erklang,
göttlich war Rodin, der die Bronze belebte,
zauberischer Genuss lag in den Gedichten
Verlaines und Baudelaires, die Absinth und
Haschisch vermischten.
So erreichten wir das Jahr
neunzehnhundertvierzehn
aus diesem Glückstraum jäh herausgerissen.
Als Péguy in den ersten Feuern sein Leben
verlor,
war das Ende der Alten Welt erreicht.
Wussten wir das, da wir noch gar nicht gelebt?
Im alten Paris ging ein Leben dahin,
frei mit dem Wind eines Ideals.
Ein Leben war dies unter einem anderen Stern,
stündlich, eilend, war Dasein ein Genuss,
und eine lichthelle Nacht war immerdar die Zeit
Ein Leben war dies unter einem andern Stern,
ein Freuden-Kosmos, doch nicht ohne Last.

Dass der Dichter hier eine zwiespältige Summe seines Aufenthaltes in Paris zieht, wird auch ohne ausdrückliche Interpretation deutlich. Wir können aus diesen Zeilen schließen, mit wie viel Lust Kemal das freie Leben, die geistigen Anregungen in Politik, Dichtung und

Bildhauerei genoss. Sogar den früh gefallenen Dichter Charles Péguy führt er an, der einer der Wortführer des Renouveau catholique in Frankreich gewesen ist und dessen früher Tod viele erschütterte. Man hatte eigentlich glücklich und erfüllt gelebt im Fin de siècle, doch es war ein Trugbild gewesen, das mit dem Ersten Weltkrieg zusammenbrach. Ein Kosmos des Geistes und der Kultur, auf dem dennoch der Untergang lastete. Aber er wirkte weiter.

Rindlerin Ölümü / Der Tod der Epikureer
Hafiz'in kabri olan bahçede bir gül varmış,
Her gün açarmış kanayan rengiyle …

Im Garten, wo das Grab des Hafis liegt, wuchs
eine Rose,
erblühend alle Tage mit blutroter Farbe.
Nachts weinte der Sprosser, bis der Morgen
tagte
in einer Weise, die das alte Schiras
heraufbeschwor.
Für einen Weisen ist der Tag ein ruhiges
Frühlingsland,
umher schwebt seine Seele, als ob aus
Weihrauch sie wär.
Und auf seinem Grab, unter den kühlen
Zypressen,
blüht jeden Morgen eine Rose, singt der
Sprosser jeden Abend.

Dieses Gedicht führt auf eindrückliche Weise in die Gedankenwelt, aber auch in die Prägungen ein, die Yahya Kemal so viel bedeuteten. Es ist ein Gedicht der Klage, eine nostalgische Verklärung einer vergangenen Zeit, deren Ästhetisierung in der Poesie auch zum Absterben verurteilt ist. Die beiden Vierzeiler beschwören »das alte Schiras« herauf, das heißt jene persische Stadt, die zum Synonym geworden ist für Hafis, den größten aller persischen Dichter aus dem 14. Jahrhundert. Sein Lebtag wirkte dieser Poet in der »Stadt der Rosen und Nachtigallen«, in der er auch begraben liegt – Seite an Seite mit Scheich Saadi, dem zweiten großen Dichter, den die Perser verehren wie Hafis selbst. Mohammad Schamsoddin Hafez (Hafis) und Scheich Moslehoddin Saadi sind die beiden ungekrönten Könige der Diwan-Poesie, die in Persien ihre höchste Blüte an den dortigen Höfen erreichte und deren Vorbild die osmanische Kunstpoesie, wie wir sahen, bis zu den Zeiten Yahya Kemal Beyatlis prägte, formal wie inhaltlich. Dass dieses Gedicht das Grab des Hafis zum Ausgangspunkt nimmt, macht deutlich, dass es sich um einen Abgesang handelt: Die geistige und die poetische Welt des Persers waren von erhabener Größe, sie sind aber vergangen. Und mit ihr sind auch die in der Mystik des Islams wurzelnden Anschauungen über das Leben zum Aussterben verurteilt. Das Hauptthema dieses Gedichts ist »rindlik«, auf Persisch »rendi«, eine Lebenshaltung, die mit dem Begriff des Epikureers nur schwer zu fassen ist, denn sie ist komplex. Sie kann ebenso ein Carpe diem bedeuten wie Tieferes, ein mystisches Abgehobensein von Zeit und Welt ebenso wie einen vergeistigten Lebensgenuss, einen freigeistigen Hedonismus jenseits vom hektischen, immer gleichen Treiben und Getriebe der Welt. Mit der Rose (gül) und dem Sprosser, der Nachtigall (bülbül), werden die beiden wichtigsten poetischen »Bestandteile« dieser klassischen höfischen Dichtung aufgerufen, die den göttlich Liebenden und den göttlichen Geliebten symbolisieren. Rose und Nachtigall stehen in einem Sehnsuchtsverhältnis zueinander. Dies ist der Beitrag der Mystik (tasavvuf) zur lyrischen Dichtung im Islam. Auch die Zypresse taucht auf, die mit ihrem schlanken Wuchs traditionell den Geliebten meint (in der höfischen Lyrik der Perser werden, anders als in der Epik, meistens homoerotische Liebesbeziehungen thematisiert). Bisweilen wird »rindlik« auch offen als Freigeisterei übersetzt, ein Wort, das man dem gesamten Werk des Hafis (wie seiner zahllosen persischen und osmanischen Nachfolger) gerne übergestülpt hat. Doch diese Geisteshaltung, die Rose und Nachtigall auf dem Grab als Apotheose feiern, ist dahin, ebenso die poetischen Formen und die traditionelle Welt der dichterischen Bilder, Symbole und Metaphern, die dazugehörten. Kemal hat noch zwei formal ganz ähnliche Gedichte geschrieben, die das mystisch unterlegte Epikureertum beschwören: »Rindlerin akşami«, »Der Abend der »Freigeister« und »Rindlerin hayati«, »Das Leben der Freigeister«.

Bir Dosta Misralar / Verszeilen an einen Freund
Kâmildir o insan ki yaşar hatiralarla,
Bir başka kerem beklemez artik gelecekten ...

Vollkommen ist der Mensch, der mit
Erinnerungen lebt,
von der Zukunft kein (anderes) Glück mehr
erwartet,
allezeit sehen seine Augen die Geliebte und den
Frühling,
im Leben hat er sich erkannt, sein Ziel am Ende
erreicht.
Wenn er einmal liebte und in der Welt Erfüllung
fand,
kann die Seele in seinem Lebenstraum auf ewig
ruhn;
mit dem Wunsch, sein Lebensglück zu finden,
mühte Noah sich vergebens ab und lebte tausend
Jahre.

Dieses Gedicht schließt formal, sprachlich und inhaltlich an das vorherige an, setzt es fort. Glück wird hier als Aufgehobensein in der Erinnerung gefeiert – in Gegensatz zu jenen aktiven Glücksbestrebungen Noahs, die diesem in tausend Jahren nicht zum Erfolg verhalfen. Ihn, auf Türkisch Nuh genannt, kennt ja der Koran ebenso wie die Bibel. Dieses Aufgehobensein der Erinnerung im Augenblick ist ebenfalls ein der Mystik geschuldetes Element. Die »Suche nach der verlorenen Zeit« ist gelungen, die Jagd nach dem (sogenannten) Glück hat ein Ende, denn die Einsicht verlangt: Wer einmal geliebt hat, wem diese Vereinigung der Seelen einmal gelang, bedarf nicht weiter der Suche. Ihm wurde ein ewiger Frühling zuteil. Auch hier sind wieder Anklänge an die Sprache und die Haltung der traditionellen Mystik zu finden, in der man dem Augenblick Dauer verleihen möchte, vor allem natürlich dem Augenblick der Gottesnähe. Der Dichter spielt hier geschickt mit der Zweideutigkeit, denn das Gedicht kann religiös-mystisch, aber auch diesseitig gelesen werden, als Erfüllung in der Liebesbeziehung und der Erinnerung daran. Der Beginn des Gedichts kâmildir o insan ... erinnert auch an den Begriff des »insan al-kâmil«, des »vollkommenen« oder »allheitlichen« Menschen, der in der islamischen Mystik auf ihrem Höhepunkt eine zentrale Rolle spielt, so bei Ibn Arabi (1164–1240) und seinem »Schüler« Abdal Karim al-Dschili (1366–1424). Der »vollkommene Mensch« ist in ihr jener kontemplative Geist, der in sich selbst so rein wurde, dessen Seele so »poliert« worden ist, dass sie zum Spiegel für Gott und dessen Eigenschaften wurde. In seinem Wesen scheint die höchste Wahrheit (yaqin) auf und die Wahrheit aller Wahrheiten (hakikat ül hakaik). Ins Diesseits gewendet, erscheint hier das Aufgehobensein als Tugend, und die Erinnerung (hatira) wird als eines der zentralen Motive der Dichtung Yahya Kemals überhaupt thematisiert.

Atik-Valde'den Inen Sokakta /
Auf dem Pfad von Atik-Valde herab

Iftardan önce gittim Atik-Valde semtine,
Kaç defa geçtiğim bu sokaklar, bugün yine,
Sessizdirler. Fakat Ramazan mâneviyeti
Bir tatli intizara çevirmiş sükûneti …

Ins Atik-Valde-Viertel ging ich kurz vor dem
Iftar.
Die Gassen, die ich oft gegangen war, sie waren
heute wieder stumm.
Doch die Geistigkeit des Ramadan
hatte die Stille in süße Erwartung verwandelt.
Die Fastenden, rank und schlank geworden,
kehrten nacheinander vom Markt zurück.
Die kleinen Mädchen der Armen, beim Krämer
warteten sie sehnlichst auf den Schuss
und auf das Fastenbrechen.
Kanonenlärm beschloss den Tag an diesem
Strand,
seitdem der Schuss erklungen war, seit man das
Fasten brach,
lag eine lichte Freude über den gekalkten
Häusern.
O Herr, wie schön ist diese Welt, wie rein!
Allein blieb ich zurück, ohne zu fasten, ohne

Freude …
Nur ein Gedanke konnte meinen Kummer
mildern,
froh wurde ich und sprach dann zu mir selbst:
»In jedem Augenblick bin ich betrübt, seit sie
verschwanden,
doch blieb mir das Gefühl erhalten. Dafür
Dank!«

Enthusiasmus und Schmerz durchziehen dieses Gedicht – Eifer und Sympathie für die Bewohner des Atik-Valde-Viertels und ihre ungebrochene Gläubigkeit einerseits, das Gefühl einer gewissen Fremdheit gegenüber diesem Milieu andererseits. Dass sich der Dichter als Muslim empfand, gerade auch in einer Zeit des Umbruchs, wird man kaum bestreiten können, und er hat es auch bezeugt; als Intellektueller, der einen großen Teil seiner Sozialisation, vor allem auch seiner Bildung und Ausbildung in Europa erhalten hatte, war er dem landläufigen muslimischen Milieu der kleinen Leute natürlich irgendwie entrückt. Diese »Fremdheit« überkommt ihn, als er dieses Viertel, wie schon so oft, an einem Tag des Ramadan gegen Abend durchquert. Da ist einerseits die Geistigkeit (mâneviyet) des Fastenmonats, die er sehr wohl akzeptiert und als die Essenz des Fastens ansieht; aber auch die Tatsache, dass er selbst nicht fastet (oruçsuz), obwohl er das sollte und auch könnte. In den beiden letzten Verszeilen bringt Kemal dann zum Ausdruck, dass ihm die Emotionalität dieser religiös-kulturellen Tradition mit all ihren Facetten geblieben ist. Dies nimmt er dankbar zur Kenntnis. Viele Sitten und Gebräuche des Ramadan sind bis heute ohne Unterbrechung populär geblieben. Dazu gehört auch, das Fastenbrechen (iftar) durch einen Kanonenschuss anzuzeigen.

Kemal hat dem Viertel noch ein zweites, allerdings viel kürzeres Gedicht gewidmet, das mit »Ziyaret« überschrieben ist: »Der Besuch«. Es fängt die vom Dichter aufgenommene Stimmung noch »verdichteter« ein und ist, wie ich glaube, mit ein Vorbild für das berühmteste Poem Ahmet Hamdi Tanpinars, »Bursa'da bir zaman«, »Eine Zeit in Bursa«, geworden. Und zwar bis in die Wahl der Wörter hinein.

Yine birlikte, bu mevsimde, Atik-Valde'deyiz;
Yine birlikte, bu mevsimde, gezip

> Sezmedeyiz
> Bu çinarlarla siyah servilerin gölgesini;
> Bu şadirvanda suyun sanki ledünni sesini …
>
> Wieder zusammen, zu dieser Jahreszeit, im Viertel von Atik-Valde;
> wieder zusammen, zu dieser Jahreszeit, schlendernd und in Betrachtung:
> Unter diesen Platanen seh' ich den schwarzen Schatten der Zypressen;
> an diesem Moscheebrunnen hör' ich die Stimme des Wassers, fast geheimnisvoll …

Hamdi Tanpinars Gedicht setzt ein mit den Versen:

> Bursa'da bir eski cami avlusu,
> Küçük şadirvanda şakirdiyan su;
> Orhan zamanindan kalma bir duvar …
> Onunla bir yaşta ihtiyar çinar
> Eliyor dört yana sakin bir günü.
> Bir rüyadan arta kalmanin hüznü
> Içinde gülüyor bana derinden.
> Yüzlerce çeşmenin serinliğinden
> Ovanin yeşili göğün mavisi
> Ve mimarilerin en ilâhisi …
>
> In Bursa ein Moscheehof, klein und alt,
> darinnen Wasser in dem Brunnen wallt;
> eine Mauer gar, aus Sultan Orhans Zeiten,
> so alt wie die Platane an ihren Seiten.
> Durch sie erscheint der heitere Tag,
> die Trauer, die vom Traum noch stammen mag,
> in dem, tief aus dem Innern, lächelnd,
> wie aus Erinnerung herüberfächelnd
> das Blau des Himmels und das Grün der Flur
> und jene göttlichste Architektur …

Das Thema dieses Gedichtes von Tanpinar ist dasselbe wie bei Kemal: Poesie und Geschichte, Rückschau in Traum und Realität. Man beachte die Verwendung derselben Wörter, die in Tanpinars Poem gleich am Anfang stehen: şadirvan (Brunnen für die Waschungen), su (Wasser), çinar (Platane), duvar (Mauer) und mimar oder mimari (Architektur). Wie Kemal der Hauptstadt Istanbul mit diesen Gedichten ein Denkmal setzt, so tut es Tanpinar mit Bursa, jener Stadt unterhalb des Bythinischen Olymp (modern Ulu Daği), welche die frühen Herrscher der Osmanen zu ihrer ersten Hauptstadt machten.

Aziz Istanbul / Göttliches (geliebtes) Istanbul

Sana dün bir tepeden baktim aziz Istanbul!
Görmedim gezmediğim, sevmediğim hiç bir
Yer …

Dich sah ich gestern von einem Hügel, geliebtes Istanbul!
All deine Plätze kenne ich, liebe ich, habe ich besucht …
Wie viele glanzvolle Städte gibt es doch auf der Welt!
Doch du allein bist es, das zauberische Schönheiten schafft …
In dir lebe ich viele Jahre, in dir sterbe ich, in dir werde ich ruhn.

Istanbul, Süleymaniye Camii / Sulaimans Moschee

Der Schöpfung Nachhall, weiß die Minarette,
die Bögen demutvoll vor Gott sich neigen;
und tief erschauern lässt das Menschenherz
der Kuppeln schweigendes Zu-Gott-Aufsteigen.
(*Übersetzung: Annemarie Schimmel*)

Diese beiden Istanbul gewidmeten Gedichte sprechen für sich. Der Liebhaber Istanbuls erklärt seine Liebe zu der Stadt. Aber nicht nur das: Sie passt zu seinem ganzen Wesen, birgt es in sich und ist ihm auch ästhetisches Vorbild mit ihren »zauberischen Schönheiten«. In der Süleymaniye-Moschee, welche die Silhouette Istanbuls noch charakteristischer prägt als die anderen Großmoscheen, preist der Dichter den kulturellen und politischen Höhepunkt des Osmanentums, denn sie entstand zur Zeit von Süleyman dem Prächtigen (1520–1566) unter dem größten Baumeister der Osmanen, Sinan. Mehr noch als die Moschee Mehmet Fatihs oder die berühmte Blaue Moschee steht die Süleymaniye für das Goldene Zeitalter der osmanischen Türken. Gleichzeitig deutet der Vierzeiler die Theologie der Moschee: Minarette, Bögen und Kuppeln stehen für den gläubigen Menschen, der Demut vor Gott bezeugt, in seiner Sehnsucht nach ihm aber auch seine wahre Größe findet. »Aziz Istanbul« kann auch mit »Göttliches Istanbul« übertragen werden, denn das aus dem Arabischen stammende türkische Wort »aziz« ist vieldeutig: Außer »lieb« und »teuer« kann es auch »wertvoll«, »heilig« und sogar »mächtig« bedeuten – sich also auf jene Stellen im Koran beziehen, in denen Gott als »al azizu« bezeichnet wird, etwa »huwa al azizu wa al alimu« – er ist der Mächtige und Allwissende.

Fenerbahçe

Dün Fenerbahçe'de gördüm,
Iri bir zümrüt içindeydi bahar …

Gestern sah ich mich in Fenerbahce um,
wie ein Smaragd so groß war dieser Lenz …
Ein Paradies, der täuschenden Perle gleich,
so schien es mir …
Sturzbäche ergießen aus der Höhe sich,
Die Wasser strömen aus den Quellen, in allen
Farben schillernd,
und in des Himmels Höhe treiben Bäume.
In dieser Perle nur
hat dieses Vaterland den wahren Ort,
der heißgeliebt
und vielbesucht
und auf drei Seiten
ganz vom blauen Meer umspült.
In diesem großen Smaragd
ruht eine lange Erinnerung an mögliche Liebe,
jegliche Melancholie und Leidenschaft,

an weite Nächte und Tage.
In diesem tiefen Smaragd
sind auch wir mit den Geliebten zusammen.

Das Flanieren (dolaşmak) in einem Viertel und das Beobachten, die vornehmlich visuellen Eindrücke, prägen auch dieses Gedicht. Das Istanbuler Viertel Fenerbahçe (wörtlich »Laternengarten«) ist heute außerhalb der Türkei besonders wegen des gleichnamigen Fußballclubs bekannt, der auch der Rekordmeister des Landes ist. Davor war Fenerbahçe jedoch ein beliebtes Ausflugsziel. Naturschauspiele werden – wie Natur überhaupt – vom Dichter aufgegriffen: Quellen, Bäche, fließendes Wasser, das erinnert von Ferne auch an das Ambiente vieler Gedichte in der Diwan-Poesie. In der zweiten »Strophe« wechselt das Sujet – von der Natur zum Menschen, zu Beziehungen und Erinnerungen, vor allem an eine vergangene, doch nicht vergessene Liebe.

Eylül Sonu / Septemberende

Günler kisaldi. Kanlica'nin ihtiyarlari
Bir bir hatirlamakta geçen sonbaharlari ...

Die Tage werden kürzer. Die Greise Kanlicas
erinnern sich an jeden vergangenen Herbst.
Allein um diesen Ort zu lieben, ist unser Leben
viel zu kurz,
wenn der Sommer sich nicht allmählich zum
Ende neigte, nicht kürzer würden die Tage ...
Von diesem seltenen Trank wurden wir
jahrelang nicht satt ...
Nicht einmal für das Vergnügen reicht das
Leben, leider!
Der Tod ist unser Schicksal; und er schreckt uns
nicht,
nur die Trennung von diesem Land quält uns.
Kein Zurück mehr zu diesem Ufer von der
Todesnacht,

eine endlose Sehnsucht ist das, schlimmer als
der Tod.

Akşam Musikisi / Abendmusik

Kandilli´de, eski bahçelerde,
Akşam kapaninca perde perde,
Bir hatira zevki var kederde ...

In den alten Hainen Kandillis,
wenn der Abend allmählich herniedersinkt,
lässt Schwermut uns die Erinnerung genießen.
Niemand kommt mehr, niemand wird erwartet,
in der Mitte des verödeten Wegs
spielt der Wind mit dem Oktoberlaub.
Tiefer und tiefer versinken die Stunden,
sanft und gemach, von Ort zu Ort
schreitet rastlos die Stille einher.
Die Dunkelheit, die durch die Türen schleicht,
zerstört unsere Träume allesamt,
da ihre Schritte immer deutlicher werden.
Wenn sich die Welt von unseren Augen entfernt,
beginnt in einer der tausendundein Nächte
wohl so etwas wie der Traum in einem Traum.

Mit Kanlica und Kandilli besingt der Dichter hier zwei seiner Lieblingsorte aus dem Großraum Istanbul, wobei das zweite Poem von einer fast expressionistischen Stimmung getragen wird. Beinahe fühlt man sich an den berühmten Expressionisten Georg Trakl (1887–1914) erinnert. Abend, Schwermut, Erinnerung, Oktoberlaub, Traum im Traum – wer dächte da nicht an den »Herbst des Einsamen«. Die Haine Kandillis werden zum Auslöser einer Stimmung, die als weltlich-poetische Variante mystischer Versenkung gekennzeichnet werden kann. Die Seele gewinnt Abstand von der Welt, Raum und Zeit sind im Traum aufgehoben, ja wieder fühlt man sich an Poe erinnert, für den alles, was ist, nichts anderes ist als »a dream within a dream«, wie er in einem seiner bekanntesten Gedichte in typisch romantischer Weise sagt. In Kanlica hält der Dichter innere Einkehr über das Älterwerden, über die sich verkürzende Lebenszeit sowie über die Kontingenz des Daseins, an dem er hängt wie an den Hainen Kanlicas. Übrigens: Nach unserer westlichen Poetik verwendet Yahya Kemal im zweiten Gedicht die Form der Terzine, und ein wenig von den berühmten »Terzinen über Vergänglichkeit« von Hugo von Hofmannsthal (1874–1929) scheint auch in diesen türkischen Versen auf. Am Ende muss man sich in die Todesnacht fügen, die immerhin Ruhe bedeutet – weniger schlimm als die nicht zu erfüllende und zu stillende Sehnsucht nach irdischer Erfüllung. Deren Symbol ist Kanlica.

Kâr Musikisi / Schneemusik
Bin yildan uzun bir gecenin bestesi bu.
Bin yil sürecek zannedilen kâr sesi bu ...

Melodie einer mehr als tausendjährigen Nacht,
Stimme des Schnees, der nochmals tausend
Jahre wacht.
Traurig wie Gebete in einer düsteren Abtei,
wie ein Chor aus hundert Mündern, einerlei.
Aus der Tiefe zu lauschen den Orgeltönen
ward mir vergönnt, doch slawischen
Kummer lieb ich nicht.
Fern ist mein Geist dieser Zeit und dieser Stadt,
auf der alten Platte spielt Tanburi Cemil.
Glücklich bin ich mit einem Schlag, höre mit
Lust,
erfüllt ist von Istanbuls wahrster
Stimme meine Brust.
Schnee und Dunkel scheinen fern im Schlaf,
weil ich am Bosporus die ganze Nacht
verbracht.

Reminiszenzen wohl an die balkanische Jugend. Chorgesänge und Orgelspiel in Kirchen und Klöstern. Die Welt der Slawen, der orthodoxen Christenheit, war einem Balkan-Türken alles andere als fremd, zumal einem Mann aus Üsküp (Skopje) mit seiner multiethnischen und multireligiösen Bevölkerung. Die slawische Religiosität (und Weltsicht?) wird mit Kummer assoziiert, also primär pessimistisch. Wie anders dagegen die Gefühle und Stimmungen, die Istanbul weckt! Türkische Weisen, auf einer Schallplatte festgehalten, beglücken den Dichter. Sie werden mit der in der Jugend gehörten Kirchenmusik der Christen kontrastiert.

Yol Düşünceleri / Weggedanken

Bu defa farkina vardim ki ihtiyarlamişim,
Hayati bir camin ardinda gösteren tilsim ...

Diesmal merkte ich, dass ich alt geworden bin.
Jener Zauber, der das Leben durch ein Glas zeigt,
löste sich auf, ich fühle es, während dieser Reise.
Die Welt und ich sind nicht mehr dieselbe.
Ägypten und Syrien, von ihnen träumte ich in der Jugend;
nun, da ich dort gewesen bin, sind diese Länder mir gleich.
Hätten meine Augen die Reste dieser Kulturen noch vor fünf oder zehn Jahren für einen Steinhaufen gehalten?
Heute ist die Erde ein Ding nur, jeder Horizont eine Sache.
Das heißt: Nun zeigen sich die Grenzen der Welt:
Kein Sonnenaufgang im Mittelmeer, keine Abende in der Wüste,
nicht der Nil, den ich sehen wollte, nicht die alten Pyramiden,
keine römischen Ruinen mehr in Baalbek,
nicht das geheimnisvolle Byblos, von Adonis zurückgelassen,
nicht das prunkvolle Land mit den hängenden Orangen,
keine Rose, Tulpe, Lilie, Bananen, Datteln und Granat,

kein Beduinensang am Damaszener
Firmament,
kein alter Schnaps, aus Zahles Trauben
gebrannt,
können mir, o weh, die ersehnte
Lebenslust geben.
Einer, der das nicht mit dem Alter, sondern dem
Denken erklärte,
sprach: Sogar am Kreuz erfreut den Menschen
noch sein Glaube.
Ich sagte: Jesus Christus war doch jung damals.
Ihr Weg, den sie kamen, ist der lichte Weg des
Lebens,
ein Rennen empor zum Himmel in der
abendlichen Welt.
Während vier Reiter im Galopp in jenes Land
gelangen,
sehen zwei verliebte Seelen den Horizont noch
weiter.
Ihre Gesichter leuchten stärker wegen dieses
Siegs,
der Himmel schmückt sich auf allen Seiten mit
Fackeln.

»Rückschau« ist wohl das Stichwort, unter dem man den Leitgedanken dieses Gedichtes zusammenfassen kann, wobei das letzte Drittel den Interpreten vor Rätsel stellt. Beim Gehen erinnert der Dichter Stationen seines Lebens, er spielt zunächst auf den »Becher, der die Welt zeigt«, an – ein Versatzstück der Diwan-Poesie. In der osmanischen Klassik kommt die magisch-mystische »Phiole des Dschem« (cam-i Cem), das heißt das Glas des Königs Dschemschid, in hunderten von Gedichten vor – als Symbol für die mystische Verwandlung und Verzauberung der Alltagswelt, ein Zauberbecher, der die Zeit durchsichtig macht. Hier wird Dschemschids Becher für den Dichter zum Auslöser des Erinnerns. Im Hauptteil des Gedichtes steigen, als Bestandteil seiner Lebensreise, jene Stationen herauf, die der Dichter einst selbst besucht hat, für die er sich interessierte und die ihn nun merkwürdig kalt lassen. Es sind Plätze, die Verbindungen zur Antike, aber natürlich auch zu den Provinzen des Osmanischen Reiches und zur Geschichte des Islams herstellen: Baalbek, Byblos, Damaskus, Zahle (eine christlich geprägte Stadt im Libanon); die ägyptischen Pyramiden, römischen Tempel, ja, das Land der Orangen, Andalusien, werden beschworen. Das Abgelebte, das Durchlebte vermag aber das Leben nicht mehr zu steigern, es ist pure Nostalgie. Die folgenden Verse sind schwierig zu deuten. Die Erwähnung des gekreuzigten Jesus mag es rechtfertigen, die vier Reiter in einer der letzten Verszeilen mit den apokalyptischen Reitern zu identifizieren. Ist dies als Anspielung auf den Untergang der alten Welt zu interpretieren, aus der freilich die Zukunft erwachsen kann? Das Wort »Fackel« könnte ein Hinweis darauf sein.

Endelüs'te raks / Andalusischer Tanz
Zil, şal ve gül. Bu bahçede raksin bütün hüzü …
Şevk akşaminda Endelüs üç defa kirmizi …

Glocke, Schal und Rose. Tanz in diesem Garten loht …
In der Nacht der Lust ist Andalusien dreifach rot.
Und in tausend Zungen Liebeszauberlied erwacht,
Spaniens Frohsinn lebt in diesen Zimbeln heute Nacht.
Wie ein Fächer, unvermutet, dieses Wenden und Sich-Biegen,
ihr kokettes Sich-Verhüllen, Sich-Entfalten, Wiegen –
unser Auge, nichts sonst wünschen, sieht nur Rot voll Pracht:
Spanien wogt und wogt in diesem Schal heut Nacht.
Auf die Stirn die Ringellocken fallen lose ihr,
auf der Brust erblüht Granadas schönste Rose ihr.
Goldpokal in jeder Hand, im Herzen Sonne lacht:
Spanien lebt und webt in dieser Rose heute Nacht.

Jetzt im Tanz ein spielend Schreiten, jetzt ein
Stehn, zurück –
tötend, wenn den Kopf sie wendet, scheint ihr
rascher Blick.
Rosenleib, geschminkt, rotlippig, schwarzer
Augen Strahl –
der Verführer lockt: Umarme, küss' sie
hundertmal.
Für den Schal so blendend, zaubervoller Rose
Lust,
Zimbel herzerfüllend: Ein Olé aus jeder Brust.

(*Übertragung: Annemarie Schimmel*)

*

Ein großartiges Gedicht, das sich sicher dem Besuch des Dichters in einer Flamenco-Bar Andalusiens oder irgendwo sonst in Spanien verdankt: eine schöne Tänzerin, deren berückende Bewegungen und deren lockendes Aussehen der Poet in Verse fasst. Sie sind voller Sinnlichkeit und erotischer Anziehung. Flüchtig trifft den Dichter ein Blick, der töten könnte. Liebe und Tod kommen auch hier zusammen, das große Thema aller Dichtung. In Spanien pflegten die Mauren solcherlei Poesie, Liebespoesie, in ihrer Muwashshaha-Dichtung, die das Vorbild der provenzalischen Troubadoure werden sollte. Auch Frauen wie die berühmte Dichterin Wallada beteiligten sich im muslimischen Andalusien am Flirt durch Worte, indem sie ihren Geliebten besangen, der dann seinerseits mit Verszeilen antwortete. Doch auch die persische Poesie kennt solche Tanzgedichte, wobei meistens ein schöner Jüngling besungen wird. Erinnert fühlt man sich auch an die Canzonen des osmanischen Poeten Nedim (gestorben 1730), der für solche Gedichte berühmt war. So erinnert Kemals Zeile

Gül tenli, kor dudaklı, kömür gözlü, sürmeli

Rosenleib, geschminkt, rotlippig, schwarzer
Augen Strahl ...

an Zeilen eines Liedes von Nedim, die da lauten:

Sinemi deldi bugün bir âfet-i çar-pareli,
Gül yanaklı, gülgüllü kerrakeli, mor hareli

> Meine Brust durchbohrte heut ein Jüngling,
> Kastagnetten spielend,
> rosenwangig, silbern der Hals und in
> violetter Seide ...

Betrachten wir das Original von Kemals Gedicht, so fallen Wörter und Wendungen aus der klassischen Poesie sofort ins Auge: natürlich gül, die Rose, aber auch kadeh, der Becher. Die Zeile

> Altin kadeh her elde, güneş her gönüldedir ...
>
> Goldpokal in jeder Hand, Sonn in jedem
> Herzen

variiert poetische Floskeln, etwa von dem osmanischen Panegyriker und Anakreontiker Ömer Nef'i (gestorben 1635) in seiner bekannten »Kaside-i bahariye«, »Frühlingskasside«:

> Bir elde câm-i lâle-fam
> Bir elde zülf-i hem-be-hem ...
>
> In einer Hand den Becher, gleich der Tulipan,
> in der andern der Geliebten Ringellocke ...

*

Sessiz Gemi / Das stumme Schiff

> Artik demir almak günü demişse zamandan
> Meçhule giden bir gemi kalkar bu limandan ...
>
> Kommt der Tag des Ankerlichtens einst von Zeit
> und Ort,
> bricht ein Schiff ins Unbekannte auf aus diesem
> Port.
> Stumm nimmt es den Weg, als sei auf ihm kein
> Passagier;
> keine Hand, kein Tuch winkt freudig dann beim
> Abschied hier.
> Wegen dieser Reise trauern, die am Kai

verharren,
feuchte Augen, die zum schwarzen Himmel
starren.
Arme Herzen! Nicht das letzte ist, das fährt, das
Boot,
und des trennungsschweren Lebens nicht der
letzte Tod.
Liebende, Geliebte warten nutzlos hier im Licht –
dass die Liebsten nie mehr kommen, ach, sie
wissen's nicht!
Jeder jener, die da gingen, denkt in Dank und
Glück,
dass er manches Jahr hier ist – denn keiner
kehrt zurück.

(*nach Annemarie Schimmel*)

Nicht allein der Titel, der gesamte Duktus des Gedichts lässt die Vermutung aufkommen, es sei von Arthur Rimbauds »Le Bateau ivre« angeregt worden. Diese Ballade vom »Trunkenen Schiff« ist eines der berühmtesten Poeme der Moderne überhaupt. Rimbaud schrieb es, wie alle seine Gedichte, als Jugendlicher; es thematisiert das Leben als ein bedrohliches, doch auch zu feierndes Abenteuer, das mit dem Tod endet. Man beachte den Anfang bei Rimbaud:

Comme je descendais des fleuves impassibles,
Je ne me sentis plus guidés par mes haleurs ...

Als ich hinunterglitt die unbelebten Flüsse,
fühlt' ich mich führerlos, der Treidler schon beraubt ...

Bei Yahya Kemal heißt es: »Kommt der Tag des Ankerlichtens einst, von Zeit und Ort, / Bricht ein Schiff ins Unbekannte auf, aus diesem Port ...« Die Ähnlichkeit ist verblüffend: der gleiche Gestus des Aufbruchs ins Unbestimmte, ins nicht mehr Feste und zu Berechnende. Das Schiff verlässt den sicheren Hafen, bei Rimbaud fühlt sich das Schiff – es ist der Held des Poems – von seinen Treidlern losgelassen. Bei Rimbaud ist es eine Feier der entfesselten, gänzlich ungesicherten Freiheit, weshalb es trunken ist, bei Kemal ist es ein Schiff der Vergänglichkeit – und deshalb stumm. Nichts kehrt wieder, was verschwand; vergebens sind Hoffnungen auf eine Rückkehr. Rimbaud gehört zu jenen Dichtern, mit denen Kemal während seines Pariser Aufenthalts bekannt wurde, ebenso wie mit dessen Freund Paul Verlaine.

*

Mehlika Sultan

> Mehlika sultana aşik yedi genç
> Gece şehri kapisindan çikti ...
>
> Sieben Knaben, die Mehlika liebten,
> zogen abends aus dem Stadttor fort.
> Sieben Knaben, die Mehlika liebten,
> jeder liebte sie in Schwermut dort.
> Seit wie ein Phantom die Weltenschönheit
> sie bis in die tiefsten Träume traf,
> gingen sie, um diese Rätselschönheit
> zauberhaft, zu sehen, bis zum Berge Kaf.
> Gingen sie, von Trennungsschmerz Erfüllte,
> auf dem Rücken tags des Mantels Tracht.
> Wenn die Nacht des Tages Rand umhüllte,
> sprachen sie: Vielleicht die letzte Nacht!
> Dieses Hoffnungsfremdland hat kein Ende.
> Wege dehnen sich, das Herz wird matt.
> Lebenslang geht jeder. Im Elende
> stirbt er, eh er noch erreicht die Statt.
> Die Mehlika voller Schwermut liebten,
> trafen einen Brunnen ohne Rad.
> Die Mehlika voller Schwermut liebten,
> scheuen Blickes sind sie ihm genaht.
> Sah'n im Spiegel eine Welt verloren,
> die umkränzt von Tod-Zypressen war –
> einen Hauch schien ihnen draus geboren
> jene Fee mit langem Aug und Haar.
> Der betrübten Pilger Jüngster, Blasser,
> blickte lang in den verlassnen Quell,
> streifte ab sodann und warf ins Wasser
> von der Hand den Ring aus Silber hell.
> Als das Wasser wich, welch Traum erfüllt sich!
> Endlich ihrer Fahrten letzter Nu!

Eine Welt der Phantasie enthüllt sich –
alle wandelten dem Zauber zu.
Sieben Knaben, die Mehlika liebten,
kamen nicht, schon jahrelang ist's her.
Sieben Knaben, die Mehlika liebten,
kommen, sagte man, wohl nimmermehr.
(Übersetzung: Annemarie Schimmel).

*

Vuslat / Vereinigung
Bir uykuyu cânânla beraber uyuyanlar,
Ömrün bütün ikbâlini vuslatta duyanlar,
Bir hazzi tükenmez gece anmakla zamani,
Görmezler ufuklarda, şafak soktuğu ani ...
Gördükleri rüya ezeli bahçedir aşka,
Her mevsimi bir yaz ve esen rüzgari başka ...

Die an der Liebenden Brust in Schlummer
sinken,
einswerdend alles Glück des Lebens trinken,
die Zeit für Nacht endloser Freude halten,
sehn nicht am Himmel Frührot sich entfalten.
Urewigen Liebeshag im Traum sie sehen,
wo Lenz nur herrscht, die Winde anders wehen.
In Lust hört man vom Sprosser Klagen nimmer,
nie welkt die Rose, bleicht des Mondes
Schimmer.
Stets, jedem Aug, ist blau das Himmelszelt,
gleich Arm und Reich in dieser Himmelswelt;
im Traumesteich erfrischt die Lieb sich, wie
man lauscht, fast endlos, des Springbrunns
Melodie.
Lebt ein Herze einmal nur in diesem Hag,
da ihr Arm ihn umschlang, sie bei ihm lag,
in ihres Haares Duft versunken auch –
des Lebens Zauber spürt er jeden Hauch:
Ein Sein, als wären rings die Sterne
aufgegangen,
Die Augen sind von Wundern rings umfangen,
vom längsten Kuss nicht satt, dürstend beim

Küssen:
Der Lippen Salz macht, dass sie dürsten müssen!
Dies Salz ist's, das euch Schöpferkraft verleiht,
geheimnisvoll, da etwas Gott ihr seid.
Die hier im Garten weilen, rosenschwer,
durch welchen Zufall kamen sie, woher?
In Tagen, da sie Liebe treibt – vom Ort
trägt sturmgleich eine Leidenschaft sie fort!
Ihr Weg – des Lebens lichtgeschaffene Bahn.
Welch himmlisch Rennen eines Nachts hebt an!
Verhängten Zügels, viergespannt, zwei Seelen
der Sphäre nah'n sich, um ein weiteres Ziel zu
wählen.
In diesem Sieg erglänzen die Gesichter,
der Himmel rings schmückt strahlend sich, voll
Lichter.
Die an der Liebsten Brust in Schlummer sanken,
in jenem Himmel alle Seinslust tranken,
in jener Zeit vergaßen sie die Welt …
Versäumte Zeit, grausame Stunde gellt,
wenn sie aus süßem Schlaf einmal erwacht,
ist überall nur Kerker, rings nur Nacht.
Unheil, in solcher Welt erwachen, Plage,
erstickt von Trennung brennen, Tag um Tage.
O Glück! Dies Dunkel ist als Tod noch
schlimmer!
O Liebe! Dein sind jene Herzen immer!
Vereinigung! Verzaubere liebend Paare!
Himmlische, süße Nacht! O währe Jahre!
(*nach Annemarie Schimmel*)

Wenn man will, kann man bei den letzten Versen diesen ekstatischen Gedichts auch an die »Hymnen an die Nacht« des Novalis (1772–1801) denken: »Muss immer der Morgen wiederkommen / endet nie des Irdischen Gewalt?« Das Bergende der Nacht, wie es viele unserer Romantiker empfanden, tritt auch in diesen Versen zutage. Die Nachtwelt wird als eine Dimension der Ruhe, der Stille und der Vereinigung der schrillen und grellen Welt des Tages gegenübergestellt. Darin dürften sich auch die Vigilien der Sufis widerspiegeln, die den

Geist durch Kontemplation von der Welt abziehen sollten und reif machen für die innere Schau des Göttlichen. Diese Vigilien dauerten in der Regel vierzig Tage und Nächte und fanden unter Anleitung eines spirituellen Meisters statt. Es ist ein Gedicht der Verzückung, der mystischen Ekstasis, in der wieder menschliche und göttliche Liebe zueinander in Beziehung gesetzt werden.

*

Hayalşehir / Die Traumstadt

Git bu mevsimde, gurub vakti, Cihangir'den
Bak!
Bir zaman kendini karşindaki rüyaya birak!
Başkadir çünkü bu akşam bütün akşamlardan,
Güneşin vehmi saraylar yaratir câmlardan ...

Zu dieser Jahreszeit, die Sonne sinkt,
schau von Cihangir nun herab!
Geh eine Weile lang von deinen eignen
Träumen ab!
Denn dieser Abend ist von andern Abenden
verschieden,
Die Scheiben sind's, die Sonnen-Schlösser uns
vorspiegeln,
und jener Gott macht für das Traumhaus seiner
Lust
die Fenster unverhofft zu einem Feen-Dust.
Das andere Ufer, das von Glutpalästen brennt,
es gleicht dem dreitausendjährigen, Uralt-Orient.
Der von dem goldenen Wein berauschte Architekt
des Lichts, der, in der Hand den rötlichen Pokal,
zum Horizont gewendet, wie manch tausend Jahr,
so trunken baute er das Märchen Üsküdar.

Dieses Gedicht ist Üsküdar gewidmet, dem vielleicht, neben Kadiköy, bekanntesten Stadtteil Istanbuls am kleinasiatischen Ufer. In Europa hieß Üsküdar lange Zeit Skutari; es liegt ziemlich genau dem Viertel von Cihangir gegenüber, das noch zum europäischen Teil der Stadt gehört. Von dort aus hat man einen grandiosen Rundblick über den Bosporus bis zu den Prinzeninseln und dem meistens im Dunst verschwindenden Marmara-Meer. Dazwischen schiebt sich die Serailspitze mit dem Topkapi-Palast; und ziemlich in der Mitte des Gesichtsfeldes, links vom sogenannten Leander-Turm, liegt Üsküdar, von ferne schimmernd mit seinen großartigen Moscheen. Es ist das antike Chrysopolis, die Goldstadt, deren Bewohner man – ebenso wie die von Kadiköy – lange verspottete, weil sie den günstigeren Punkt der »Rinderfurt«, an dem der Grieche Byzas seine Stadt »Byzantion« gründete, nicht zu erkennen in der Lage waren. Bei Sonnenuntergang bietet sich dem Betrachter in der Tat ein malerischer, zauberischer, traumartig schöner Anblick. So arbeitet das Gedicht mit dem Element der Spiegelung dieser Gegenküste in den Fensterscheiben, zumal in der Abendstimmung, die hier apostrophiert wird. Es ist natürlich auch ein Gedicht auf Sinan, den größten Baumeister der Türkei, der sich gerade auch in Üsküdar mit einigen Moscheen ein ewiges Denkmal geschaffen hat.

Bei dieser – durchaus repräsentativen – Auswahl von Gedichten oder Gedichtteilen Yahya Kemal Beyatlis möchte ich es nun bewenden lassen. Sie enthalten im Grunde alle Themen, die dem Dichter zeitlebens wichtig waren, und so wiederholen sie sich in den Anthologien seiner Poesie gelegentlich: Vergangenheit / Geschichte, Liebe und mystische Entgrenzung, Tod, Einsamkeit und Vergänglichkeit – schließlich und immer wieder die Stadt Istanbul und ihre unvergänglichen Kunstwerke oder Viertel. Am Ende seines Lebens wie seines dichterischen Weges fügt sich Kemal, als guter Muslim, in das Unvermeidliche, allerdings nicht ohne zu klagen und zu fragen. Gerade in der Mystik hat das »Hadern und Handeln mit Gott« (al makr) eine lange Tradition.

Die letzten Verse

Ölmek kaderde var, yaşayip köhnemek hazin
Bir çâre yok mudur buna ya Rabbelalemin?

Sterben ist uns vorbestimmt, betrüblich ist's, zu leben und zu altern,
gibt es denn kein Mittel, dies zu hindern, Herr der Welten?

Mit diesen letzten von ihm überlieferten Versen, die man angeblich auf seinem Sterbebett fand, beschwört der Dichter Yahya Kemal

Beyatli letztmals die bittere Einsicht, dass alles Leben kontingent ist, einfacher ausgedrückt: von Beginn an dem Tode geweiht. Und zu leben, wie auch zu altern, bedeutet nur, den Weg dorthin zu gehen. Leben ist ein Prozess, immer in Bewegung, bis es abbricht. Natürlich ist auch dieser Gedanke vom Sufismus getragen, denn auch für die Sufis war das Leben vor allem eine Reise zu Gott auf dem Weg Gottes (fi sabil Allah), gepflastert mit Prüfungen, an denen man »reif« werden konnte für die ersehnte Gegenwart Gottes. Die Frage an den Schöpfer, ob man das denn nicht verhindern könne, offenbart einerseits eine moderne Resignation und Skepsis zugleich; doch andererseits enthält sie auch die traurige Klage darüber, dass das Leben eigentlich doch schön ist. Umso betrüblicher ist es, dass es endet. Es ist insofern schrecklich schön. Auch bei diesem türkischen Dichter überwiegen insgesamt Töne der Melancholie, der Todesgegenwart, wie sie auch von ungezählten anderen angestimmt worden sind. Über diese Traurigkeit (hüzün) ist in der Vergangenheit nicht ohne Grund Bemerkenswertes geschrieben worden, nicht zuletzt vom Nobelpreisträger Orhan Pamuk, der diese Stimmung auch in Istanbul, seiner Stadt, verortet, als ihr geistiges Klima sozusagen, das Resultat einer jahrtausendealten Geschichte und Mentalitätsgeschichte ist, die sich zwischen Orient und Okzident ereignet hat.

Es ist interessant, diese beiden letzten Verszeilen Beyatlis mit einem ebenfalls äußerst kurzen Gedicht in Parallele zu setzen, das von Orhan Veli stammt, dessen Poesie so ganz anders geartet ist, ja eine Antithese zum Neoklassizisten Beyatli darstellt, doch in ähnlich lakonischer Kürze das menschliche Dilemma auf den Punkt bringt:

> Eines Tages müssen wir alle sterben,
> so hat Gott es nun mal eingerichtet.
> Wenn nur die Trennung nicht wäre!

Man hat einmal gesagt, große Dichtung habe zu allen Zeiten eigentlich nur zwei Themen gehabt: die *Liebe* und den *Tod*, ja, in vielen Dichtungen der Weltliteratur sind diese beiden sogar ineinander verschlungen. Wenn das richtig ist, dann gehört Yahya Kemal Beyatli, der von den zahlreichen Formen der Liebe, dazu von Tod, Todessehnsucht, Daseinszweifeln und Zerfall sang, zu den großen Dichtern der Welt.

Unter den Prosawerken Yahya Kemals ragt sein Band über Istanbul, die Stadt seiner ewigen Zuneigung, besonders hervor. Ihm gilt nun unsere Aufmerksamkeit.

»Aziz Istanbul« – »Göttliches, geliebtes Istanbul«
Prosastücke und Miszellen

Im Unterschied zu vielen anderen türkischen Autoren war Yahya Kemal Beyatli kein Vielschreiber. Die Zahl seiner Gedichte ist überschaubar, nicht besonders groß. Viel mehr noch gilt dies für seine Prosaarbeiten. Wie die Gedichte, so wurden auch diese zunächst verstreut in zahlreichen Zeitungen und Zeitschriften veröffentlicht und erst später zu Büchern zusammengestellt. Dies gilt vor allem für das im Jahre 1964 publizierte Bändchen »Aziz Istanbul« – »Göttliches, geliebtes (oder auch teures) Istanbul«, das Artikel, Vorträge, umfangreiche Essays, aber auch kürzere Miszellen und Glossen über jene faszinierende Weltstadt am Bosporus versammelt, von der auch Yahya Kemal niemals lassen konnte noch wollte. Wenn man es etwas überspitzt ausdrücken wollte, so könnte man sagen: Das Istanbul/Konstantinopel des verblühenden Osmanischen Reiches ist die zu Stein gewordene Ästhetik und Poetologie, wie der Dichter sie verstand. Denn auch über seiner Dichtung liegt jener Hauch von Erinnerung an vergangene Größe und an verblühtes Leben, das man mit dem »historischen Ort« am Bosporus und am Goldenen Horn jederzeit in Verbindung bringen kann.

»Aziz Istanbul« ist also eine einzige Liebeserklärung an diese Stadt. Doch erschöpft sie sich nicht in feuilletonistischer Beschreibung und sinnlicher Beschaulichkeit, sondern stößt zu dichterischer Gestaltung und neuer geschichtsphilosophischer Interpretation der Bedeutung dieser jahrtausendealten Metropole an der Nahtstelle zweier Kontinente vor. Der Dichter erlebt die Stadt des untergehenden Reiches ebenso wie jene der aufstrebenden Republik, in der ihre Stellung freilich eine ganz andere wurde. Das Thema »Istanbul in Dichtung und Prosa« wäre eine eigene Monographie wert – so sehr beschäftigte und beschäftigt dieses Zentrum westöstlicher Kultur bis heute die schöpferischen Geister in aller Welt, nicht allein in der Türkei. Ganze Anthologien wurden zu dem Thema schon zusammengestellt. Ausländer haben die Stadt gemalt und besungen, mehr noch aber die Türken selbst. Und dies gilt bis heute: Legion ist die Zahl der Gedichte und Abhandlungen über Istanbul, ganz abgesehen davon, dass die Stadt – und dies keineswegs nur bei Orhan Pamuk, der selbst Istanbuler ist – der Schauplatz zahlreicher Romane und Erzählungen wurde. Niemals etwa hat die »moderne« Hauptstadt Ankara da auch nur einigermaßen mithalten können. Dies gilt heute erst recht wieder, seitdem es aus der Mode gekommen ist, im Rahmen eines Regionalismus das anatolische Dorf oder die jeweilige anatolische Region zu »besingen«. Natürlich hat dies etwas mit der Geschichte, beziehungsweise mit dem Gegenteil, einer weitgehenden Geschichtslosigkeit, zu tun, die man Ankara – vielleicht sogar zu Unrecht – irgendwie ankreidet.

Die in dem Band zusammengestellten Prosastücke werden immer wieder durch Gedichte aus »Kendi Gök Kubbemiz« unterbrochen und ergänzt, die – im weitesten Sinne – ebenfalls der Stadt Istanbul, ihren Moscheen, Stadtteilen (mahalle), Vierteln (semt) und Stimmungen Reverenz erweisen. Beyatli verfasste die Prosastücke zwischen 1913 und 1954, das heißt in einem Zeitraum von 41 Jahren, in dem sich eine historische Zeitenwende ereignete, die wir schon in ihrer Tiefe kennengelernt haben.

Wie groß die Sehnsucht Yahya Kemals nach seiner Stadt immer gewesen ist, zeigt ein Gedicht, das ebenfalls in die Sammlung »Kendi Gök Kubbemiz« aufgenommen wurde. Es ist eines der wenigen Gedichte Kemals, das nicht den Reim verwendet, sondern die modernere offene Form. Es beschreibt den Augenblick einer Rückkehr und trägt den Titel »Istanbul war am Horizont«:

Istanbul ufuktaydi / Istanbul am Horizont

Gurbetten, uzun yolculuk etmiş,
Dönüyordum.
Istanbul ufuktaydi ...

Fern gewesen, nach langer Fahrt, bin ich zurückgekommen,
am Horizont war Istanbul ...
während wir ihm ohne Säumen nahten,
zeigten uns die Delphine den Weg, mit
ihren Freudensprüngen.
Bevor ich es selbst wieder gezeigt bekam,
am Horizont, doch dann auch als Gestalt,
schien es in meinem Herzen auf ...

> In meinem Herzen voller Sehnsucht, und
> mit allen seinen Seiten,
> tausendundein Strand, tausendundein
> Hügel,
> tausendundeine Nacht.
> Als ich jahrelang in der Ferne lebte,
> träumte ich von Istanbul, wurde müde
> darüber.
> Keinen Ort ließ ich aus in meines Hirnes
> Phantasie.
> Letzte Rückkehr soll diese Rückkehr nun
> sein,
> vergehen sollen meine letzten Jahre
> in jener Phantasien Zauberkreis.
> Der Sultanswelt ähnelt alles in dieser
> Stadt,
> in den Nächten, die weit wie ein Traum,
> den Blick auf die Sterne gerichtet,
> zusammen mit den geliebten Seelen,
> wenn Allah nur Gesundheit gewährt,
> das ist genug.

Zu diesen Zeilen gibt es, wie ich glaube, wenig zu sagen; sie sprechen für sich selbst. Der Dichter hat nach langen Jahren des Wanderns in der Welt jenen Urquell erreicht, von dem er aufbrach, um Diplomat und Weltmann zu werden. Nun sieht er aus dieser Perspektive der erworbenen und erfahrenen Welthaftigkeit seine Stadt.

Eröffnet wird der Reigen von »Aziz Istanbul« mit zwei längeren Essays, in denen das »türkische Istanbul« besonders hervorgehoben wird. Die Stadt sei, wie Nihat Sami Banarli, der Herausgeber der Fassung von 1969 in seinem Vorwort schreibt, für den Dichter ein »nationales Symbol« (milli bir semboldür), nicht nur eine Stadt, die man irgendwie liebt oder die man wegen ihrer natürlichen schönen Lage bewunderte. Insofern trifft auch der Begriff Liebeserklärung die Sache nicht ganz. Auch Banarli gehört übrigens zu jenen türkischen Literaten, die sich besonders Istanbul zugewandt haben.

Schlüsselerlebnis ist die Eroberung der Stadt am 29. Mai des Jahres 1453 durch Sultan Mehmet II. Fatih. Dieser Akt machte Konstantinopel in den Augen des Dichters Beyatli zur türkischen Stadt, ungeachtet der fremden Einflüsse, die er keineswegs leugnet, ganz im Gegenteil. Türkisch (den Türken gehörig) werde Istanbul, wie die Türkei selbst, auch bleiben, so lange die Welt bestehe (artik bu diyar dünya durdukça Türk kalacaktir). Beyatli beschreibt dann, wie nach der Eroberung die Türken die Stadt umgestaltet haben, vor allem architektonisch durch die großen Moscheen und andere Bauwerke. Das antike Chrysopolis, auf der kleinasiatischen Seite des Bosporus gelegen, habe sich unter dem Namen Üsküdar ausgedehnt bis nach Çamlica, einen Ort, den der Dichter sehr mochte und, wie wir sahen, in seinen Gedichten beschworen hat. Auf den folgenden Seiten behandelt der Autor die Jahrhunderte vor der Erstürmung der Mauern Konstantinopels durch die Osmanen. Das beginnt mit einem geschichtlichen Rückblick auf Byzanz, auf die Herrscherhäuser der Palaiologen und Komnenen, dann auf das zeitweilige Vordringen der – ebenfalls türkischen – Petschenegen, auf die Seldschuken von Konya, die Schlacht auf dem Amselfeld 1389; schließlich kommt die große Krise frühosmanischer Herrschaft zur Sprache, die zuerst von Bursa, dann Edirne ausging, als im Jahre 1402 der Lahme Timur (Timur-i lenk) das Reich in der Mongolen-Schlacht von Ankara um ein Haar vernichtet hätte. Die Wiederauferstehung führte zu neuem Glanz und schließlich zur Eroberung und Türkisierung der Stadt auf zwei Kontinenten. Dieses Ereignisses wird übrigens bis heute offiziell gedacht und die Szene, da die Türken durch die »vergessene Pforte«, Kerkoporta, eindrangen, jedes Jahr am 29. Mai von Schauspielern und Laiendarstellern nachgestellt.

Dass der Autor den türkischen Charakter Istanbuls, das auch zu Zeiten der Sultane meistens noch Qostantiniye genannt wurde, hervorhebt, geschieht nicht grundlos: In den Augen der republikanischen Reformkräfte hatte die Weltstadt am Bosporus und am Goldenen Horn abgewirtschaftet; sie galt ihnen als Symbol der Dekadenz und der Geschichte gewordenen Herrschaft der meist »unfähigen« Sultane. Vor allem der Gründer der Republik dachte so und erreichte, dass die anatolische Provinzstadt Ankara, das antike Ancyra oder Angora, zur neuen Hauptstadt wurde. Da mit so ziemlich allem gebrochen werden sollte, was mit dem Osmanischen Reich zu tun hatte, sollte auch eine neue Hauptstadt diesen neuen Anfang symbolisieren. Inbegriff des neuen Staatsvolkes sollte nicht mehr der osmanische Effendi sein, der Osmanli mit seiner kosmopolitischen Attitüde, sondern der Türke, repräsentiert vor allem durch den Anatolier, der auch die türkische Sprache viel reiner bewahrt hatte als der Istanbuler Effendi. Konstantinopel stand so für alles Abgetane und zu Überwindende.

An seine Stelle trat ein Provinznest, geschart um die Zitadelle, das gerade einmal 25 000 Einwohner hatte. Freilich wurden nach dem Sieg über die Griechen 1922 alle wichtigen Institutionen des neuen Staates schon in Ankara konzentriert. Yahya Kemal Beyatli lehnte das gewiss nicht ab, doch war und blieb Istanbul für ihn immer eine türkische Stadt und das Herz der Kultur. Ihr multikultureller Charakter, den sie damals noch weit mehr hatte als heute, störte da gar nicht, im Gegenteil. Immer wieder zeigt das Büchlein »Aziz Istanbul«, wie sehr Beyatlis Gespür für den Genius loci – und für Geschichte vor allem – entwickelt war. Als wichtigstes Ergebnis der Eroberung Istanbuls sieht er, dass dieses Ereignis endlich den Zusammenhang und Zusammenhalt zwischen Anatolien und Rumelien herstellte, das heißt durch den Sieg der Türken über die Byzantiner wurden die auf zwei Kontinenten liegenden Herrschaftsgebiete der Osmanen endlich miteinander verklammert und vereinigt (Istanbul fethinin ilk müsbet tesiri Anadolu ve Rumeli'yi birleştirmek olmuştur). Es wuchs sozusagen zusammen, was schon längst zusammengehört hätte. Das aber war erst nach dem Fall Konstantinopels möglich.

Der zweite Teil des Buches enthält kürzere Beiträge, die sich mehr mit Istanbul als Stadt des Islams beschäftigen. Der Dichter nimmt hier den Gang durch bestimmte Viertel, einen Besuch im Topkapi-Serail oder in dem altehrwürdigen Stadtteil von Eyüp zum Anlass, um über die Verflechtung des Türkentums, insbesondere der türkischen Kultur und Alltagskultur, mit der Religion nachzudenken. Zwischen den einzelnen Beiträgen erscheinen Gedichte zum selben Thema, etwa das über das Atik-Valde-Viertel und das Erlebnis des Fastenbrechens (iftar). Ein Essay ist überschrieben: »Residenz in der Sommerfrische« (»Sayfiyede payitaht«), wobei das Wort »sayfiye« auch Sommerhaus bedeuten kann. Davon gab und gibt es reichlich in Istanbul. Etwa die berühmten Yalis am Ufer des Bosporus. Doch der Autor meint dies in einem historischen Zusammenhang, etwa im Sinne einer historischen Entwicklung von den frühen Epochen des Reiches bis in seine Tage.

In der Zeit der Eroberer-Sultane, eines Mehmet Fatih, eines Selim Yavuz, eines Süleyman Kanuni, seien die Herrscher unter dem Zeltdach gestorben, das heißt auf den Kriegszügen, welche sie selbst anführten und befehligten. Begraben habe man sie in ihren Türben. In einer zweiten Periode der Geschichte seien jene Padischahs, die das Reich nur noch bewahrten (devleti muhafaza eden padişahlar), in den Palästen innerhalb der Stadt geboren worden und auch dort gestorben.

Ihre Grabstatt (makber) sei der Topkapi-Serail. In der dritten, letzten Periode lebten diese nun in den Sommerhäusern, in der Sommerfrische. Istanbul wirke nur wie eine Hinterlassenschaft (metrûk).

Historische Orte wie die Zwingburg von Rumeli Hisar oder die altehrwürdigen Mauern Istanbuls nimmt der Dichter zum Anlass, um über ihre Bedeutung für das Türkentum zu räsonieren. Land- und Seemauer Konstantinopels galten als unbezwingbar und blieben es auch für viele Jahrhunderte – bis zu jenem eben so denkwürdig gewordenen Tag, der schönsten und größten Etappe für Türkentum wie Islam (Bu vak'a Türklüğün ve Islam'in hem en güzel, hem de en büyük merhalesidir).

»Es gibt manche Orte, an denen der Geist weht (Bazi yerler vardir ki ruh eser)«, schreibt der Dichter in einer Betrachtung, die dem Topkapi Sarayi, dem »Kanonentor-Palast« gilt, den er viele Male durchstreift habe. Dieses Zentrum von Macht und Kultur der Osmanen sei solch ein Ort. Beyatli gedenkt jener Herrscher, die den Serail besonders geprägt haben. Doch zum Sanktuarium für die muslimischen Türken wurde jener Trakt, auf den noch heute die türkischen Besucher und die ausländischen Touristen durch das Schild »Hirka-i Saadet Dairesi« hingewiesen werden, wo man den Umhang des Propheten Mohammed und andere heilige Gegenstände aufbewahrt: seinen Fußabdruck, das Schwert Osmans, den Osman-Koran. All diese Gegenstände kamen durch Sultan Selim I. nach Istanbul, der sie nach der Eroberung Ägyptens im Jahre 1517 von dort mitbrachte.

Doch noch etwas anderes findet Kemal im Hirka-i Saadet Dairesi bemerkenswert: dass dort seit der Machtübernahme durch die Türken ohne Unterlass der Koran rezitiert wird. »In dieser Nacht, dieser Stunde, da ich hier diese Zeilen niederschreibe, wird im Zimmer der Sanktuarien der Koran vorgetragen! ... Seit vierhundert Jahren wird er so ohne Unterbrechung rezitiert (Bu gece, bu saat, ben burada bu satirlari yazarken Hirka-i Saadet Dairesi'nde Kur'an okunuyor! ... Tam dörtyüz seneden beri de böyle fazilasiz okunmuş)«. Und den Dichter berührt es innerlich zutiefst, dass seit vierhundert Jahren die Stimme des Korans dort nicht einen Augenblick verstummte. Solange der Koran im Topkapi vorgetragen wird, kann uns Türken nichts umwerfen! Das ist ein Satz, den man immer wieder hört im Land.

Wie oft der Dichter im heiligen Eyüp gewesen ist, weiß niemand.

Dass er häufig dort war, schreibt er in »Aziz Istanbul« selbst. Der Stadtteil Eyüp, heute längst auch ein Ziel des Massentourismus, ist der numinoseste Ort der Stadt, denn dort fiel der muslimischen Überlieferung nach der Fahnenträger des Propheten Mohammed, Ayyub al Ansari, auf Türkisch Eyüp mit Namen, bei der Belagerung Konstantinopels durch die Araber im Jahre 674 n. Chr. An der mutmaßlichen Stelle seines Todes errichtete man die nach ihm benannte Moschee, die Eyüp Camii. Sie gab dem ganzen Stadtteil den Namen. Nach Mekka, Medina und dem Felsendom zu Jerusalem ist die Moschee von Eyüp der viertheiligste Ort des Islams. Bis heute pilgern Muslime dorthin, keineswegs nur türkische. Insbesondere Frauen bitten den Heiligen um Gesundheit und Wohlergehen; doch auch Geschäftsleute schlachten einen Hammel und bitten in der Moschee und am Grab Eyüp Ensaris um Segen für ihr Unternehmen.

»Gebetsstunde in Eyüp« überschreibt Beyatli eine kurze Reminiszenz an einen Besuch dort, den er niemals mehr wird vergessen können. Die Szenerie ist eine Nacht im Ramadan. Nach dem Teravih-Gebet, das im Fastenmonat nachts gehalten wird, durchstreift man Eyüp und macht an der Grabstatt für Sokollu Halt. Der Dichter schaut durch das Fenster der Türbe und hat eine historisch deutende Assoziation: An einer Stelle, die man nach der Geburt des Christentums für den Nabel Europas hält, liegt dieser als Glaubenszeuge gefallene Verwalter des größten Reiches der Welt bestattet, und »mit ihm ruht die gesamte Dynastie in diesem lichterfüllten Mausoleum (bütün hânedaniyle, bu işikli türbede istirahat ediyor)«. Mit diesem Gedankengang verbindet der Dichter christlich-byzantinischen Genius mit islamisch-osmanischem. Er wird zum Vordenker eines Aufeinanderzugehens beider Welten, das zu seiner Zeit zwar schon ebenso aktuell war wie heute, freilich in einer abstrakteren Weise als in unseren Tagen, da der westlich-östliche Antagonismus sich leider in Terror und Krieg entladen hat.

Summe eines Dichterlebens
(Osmanentum und Türkentum / Osmanlilik ve Türkçülük)

Es ist in den Kapiteln zuvor hoffentlich hinreichend deutlich geworden, dass der Dichter Yahya Kemal Beyatli zwar modern, doch kein Rebell gewesen ist. Er wurzelte ästhetisch und teilweise auch noch inhaltlich in der Diwan-Poesie, die er sich vollkommen anverwandelte. Trotzdem gehört er, als konservativer Ästhetiker, zur modernen türkischen Literatur des 20. Jahrhunderts, ist Teil jener Suche nach dem Neuen in einer Zeit des radikalen Wandels, ja revolutionären Umbruchs. Zur Zeit der Sultansherrschaft geboren, doch in der Republik auf dem Höhepunkt seines öffentlichen wie poetischen Wirkens angelangt, steht sein Schaffen wie ein erratischer Block in einer Landschaft, die sich fast sintflutartig veränderte – hin zur Moderne mit ihren sprachlichen und formalen Freiheiten. Meisterhaft versteht er es, die alten Formen und Metaphern entweder für die »alten« Inhalte aus Mystik und Religion zu benutzen; oder aber er gebrauchte sie, um in seinen Gedichten geistiges Rüstzeug für die junge Republik und ihren – damals für einen totalen Neuanfang sinnvollen – Nationalismus zu liefern – zum Beispiel in jenen Gedichten, die historische Ereignisse thematisieren. Mit Liebe (aşk) und Tod (ölüm), Eros und Thanatos, widmet er sich darüber hinaus den *großen* Themen der Dichtung aller Zeiten und Sprachen. Sie bilden seit jeher den Kern aller Poesie.

Nicht wenig beigetragen hat der Dichter mit seinem Werk auch zur Renaissance der Diwan-Dichtung in der zeitgenössischen Türkei. Zwar hängt diese auch mit der Rückbesinnung auf die osmanische Vergangenheit überhaupt zusammen, die in den vergangenen Jahren eingesetzt hat; doch wäre diese Renaissance vielleicht auch ohnedies eingetreten. Die Zeit jedenfalls, da die modernen Dichter der Türkei den »Diwan« rundheraus und radikal ablehnten, ihn nur denunzierten und absichtsvoll dekonstruierten, ist schon lange vorbei. Es ist seit dem Untergang der alten Welt auch so viel Zeit vergangen, dass man sozusagen gefahrlos den Reiz des alten Formenspiels wieder auf sich wirken lassen kann. Nach einer allgemeinen Sprachrevolution und einer poetischen wie poetologisch gewollten Formenzertrümmerung großen Stils kann man nun sine ira et studio Erkundungen in alte Poesiewelten vornehmen, ohne sich in ihnen zu verlieren und eine unverbindliche »Kunst um der Kunst willen« zu genießen. Dies, übrigens, ist auch in der europäischen Lyrik geschehen, wo nach dem anfänglichen Krieg gegen die gereimte Dichtung zu Gunsten freier Versformen der Reim hier und da wieder an Boden gewonnen hat. Viele unserer modernen Lyriker können heute wählen unter einer großen formalen Vielfalt, und nicht immer nehmen sie die offensten Formen.

Dies ist auch in der Türkei eingetreten. Wir haben darauf hingewiesen, dass die großen Meister der türkischen Moderne zunächst »in alter Weise« dichteten. Dies waren sozusagen ihre Lehrjahre. Später wurde dann der umgekehrte Weg eingeschlagen: Man begann in moderner Manier und wandte sich irgendwann wieder den alten Weisen zu. Und dies gilt auch für das Theoretisieren. Autoren wie Iskender Pala haben sich zu Spezialisten der Diwan-Literatur entwickelt und streichen längst deren ästhetisch-positive Seiten heraus. Schon der bekannte Lyriker Behçet Necatigil (1916–1979), der sich von einfachen, volkstümlichen Versen ebenso anregen ließ wie von experimenteller westlicher Dichtung, griff bei manchen seiner Gedichte formal auf die Diwan-Lyrik zurück. Und ein Poet wie Asaf Halet Çelebi (1907–1958) blieb zwar bei modernen, freien Verszeilen, gab aber zum Beispiel Mevlâna Celâlettin Rumi und seiner mystischen Lehre in seinen modernen Versen einen sprachlichen Raum. Diwan-Poesie hatte er auch in seiner Jugend verfasst. Bei Asaf Halet Çelebi hat das natürlich auch damit zu tun, dass er selbst aus einer Mevlevi-Familie stammte und diese poetische Tradition gewissermaßen mit der Muttermilch aufgesogen hatte.

Die vorläufig letzte Aneignung diwan-poetischer Elemente liegt bei dem »Rebellen« Küçük Iskender (eigentlich Derman Iskender Över, geboren 1964 in Istanbul) vor, der sich einerseits als Jünger Rimbauds versteht, andererseits jedoch auch die Diwan-Poesie studiert hat – als eine radikale Gegenwelt zum momentan Bestehenden, das er zurückweist. So ist in gewisser Weise ein Paradox eingetreten: Ein Dichter wie Küçük Iskender orientiert sich am strengsten Formalismus der türkisch-osmanischen Literaturgeschichte, um gerade die heutigen gesellschaftlichen und politischen Formen zu attackieren und aufzubrechen.

Die Hinwendung zum Diwan-Erbe gehört eben zur Freiheit des Experimentierens, die sich gerade der moderne, ja der zeitgenössische Dichter herausnimmt. Dies gilt ja auch für den Wortschatz: Eine Zeit lang war es modern, alle alten Wörter zu meiden und sie durch »echt türkische« oder durch Neologismen zu ersetzen. Je krasser dies geschah, desto besser war es oder schien es wenigstens zu sein. Die modernsten Autoren hingegen lieben es, mit dem Wechselspiel alter osmanisch-türkischer und neuer Wörter zu arbeiten. Dies kann vor allem aus inhaltlichen Gründen geschehen, verschiedene Milieus und Altersstufen können auf diese Weise auch vom Wortschatz her äußerst verschieden gestaltet werden. Auch diese Auffassung von Literatur hat moderne Vorläufer, etwa Attilâ Ilhan

(1925–2005), der in seinem Roman »Dersaadet'te Sabah Ezanlari« (»Morgendliche Gebetsrufe in Istanbul«, 1981) entsprechend den inhaltlichen Vorgaben der Handlung und ihrer Schauplätze gekonnt mit den unterschiedlichsten Sprachebenen und Wortschätzen des Türkischen spielt, zwischen Spätosmanisch und modernem Türkisch hin und her pendelt.

Das augenfälligste Beispiel unter den zeitgenössischen Prosaschriftstellern der Türkei ist jedoch Elif Şafak, Jahrgang 1971. Diese Autorin und Wissenschaftlerin, Fachfrau für Genderstudien, macht kein Hehl aus ihrer Vorliebe für die alten osmanischen Wörter, die sie in ihren Romanen geradezu strategisch einsetzt. Auch bei ihr hat dies Gründe, die mit der Geschichte und dem Selbstverständnis der modernen Türkei zu tun haben. Schon in dem Roman »Der Bastard von Istanbul«, der die Armeniermassaker aufgreift, wendet sie sich verdrängter Historie zu, denn dieses Thema gehört bis heute zu den großen Tabus der Türkischen Republik, wie auch die Vertreibung annähernd der letzten Griechen aus Istanbul im Jahre 1955, das Kurden-Massaker von Dersim in den dreißiger Jahren und ähnliche Tragödien der Geschichte. Es ist vielleicht kein Zufall, dass gerade eine türkische Autorin auch an älteren Sprachebenen des Türkischen Interesse hat, die nicht in der Türkei geboren ist. Elif Şafak stammt aus Straßburg, wo ihr Vater Diplomat gewesen ist. Geschichte kommt wieder, zumal die verdrängte. Sie nicht aufgearbeitet zu haben, schlägt dann auf den Verdränger und Verweigerer umso heftiger zurück. So jedenfalls ist die Erfahrung der europäischen Völker, allen voran der Deutschen, deren Gemeinschaft sich die Türkei irgendwann einmal zugesellen möchte.

Die Entwicklung der letzten Jahrzehnte zeigt also, dass ein Dichter wie Yahya Kemal Beyatli zwar durchaus nostalgisch dem Alten zugewandt war, es ein letztes Mal zum Blühen brachte. Doch als ausgebildetem, zünftigem Historiker war ihm bewusst, dass es auch nichts gibt, das jemals völlig abgetan gewesen wäre, insbesondere das Gehaltvolle nicht, so dass man niemals mit einer Wiederkehr in verwandelter Gestalt würde rechnen können. Auch die Geschichte des Geistes kennt ja legitime beharrende Kräfte, die nicht mit Reaktionären zu verwechseln sind. Poet und geschichtsbewusster Denker kamen in seiner Person zusammen. Man mag es dialektisch im Sinne Hegels deuten, als ein Aufgehobensein, oder auch im Sinne einer lebendigen Kulturphilosophie – etwas, das einmal gewesen ist, verschwindet im kulturellen Gedächtnis der Menschen nicht gänzlich und für immer. So kann die Dichtung Yahya Kemal Beyatlıs die starken Reminiszenzen ästhetisch begleiten, die heute in einer durch die Entwicklung verwandelten Wiederkehr und historischen »Ehrenrettung« des Osmanentums sichtbar sind.

Diese Ehrenrettung ist indessen ein äußerst komplexes Phänomen. Es enthält positive Aspekte, doch auch viele Mängel, die wir schon angedeutet haben. Man sollte es kaum für möglich halten: Trotz nicht geringer Anstrengungen von Historikern und Literaten herrscht zu Beginn des 21. Jahrhunderts nämlich insgesamt ein Bild des Osmanischen Reiches in der Türkei vor, das dringend der Korrektur, der Differenzierung und sogar der »inneren Belebung« bedarf. Dabei kann das poetische Werk unseres Dichters gute Dienste leisten. Die völlige Herausnahme des dekadenten und – im Sinne der Nationalisten – untürkischen Osmanentums aus dem Geschichtsbild der neu entstehenden türkischen Nation und Republik hat oft zur Unkenntnis und zu schiefen Beurteilungen durch die nachfolgenden Generationen geführt. Ein steriles, merkwürdig abstraktes Osmanen-Bild entstand, das auch seit Beginn der Wiederentdeckung des Osmanentums nicht wirklich konkreter und von Leben erfüllter geworden ist, im Gegenteil. Auch die völlig normal und natürlich erscheinende »osmanische Renaissance« droht schon wieder zum ideologischen Popanz zu werden, nun in der anderen Richtung einer marmornen, unkritischen Verherrlichung und Verklärung alles Osmanischen. Und dies trotz der verantwortungsbewussten Arbeit türkischer Historiker wie Halil Inalcık, Ilber Ortayli, Mustafa Bardakçi, Şükrü Hanioglu und anderer. Dieses Geschichtsbild ist ebenso statisch und falsch, handelt nicht vom »Faktor Mensch«, der Geschichte gestaltet, sondern nur von Größe und Macht im Sinne eines oft hohlen Pathos, das wiederum ideologische Zwecke verfolgt: einen überzogenen Nationalismus zu fördern.

Selten wurde das deutlicher als bei der Ausstrahlung einer Fernsehserie mit dem Titel »Muhteşem yüzyıl« – »Das prächtige Jahrhundert«. Gemeint ist natürlich das 16. Jahrhundert, die Epoche Süleymans »des Prächtigen«, in der das Osmanische Reich seinen Höhepunkt erklomm, wenn auch nicht seine größte territoriale Ausdehnung. Das Reich hatte jedoch in dieser Epoche so etwas wie seine »Entelechie« verwirklicht. Gegen die Folgen dieser osmanischen Fernsehoper gab es teilweise wütenden Widerspruch, nicht nur von religiösen Eiferern oder Nationalisten: »Einen verliebten

Sultan wollen wir nicht«, überschrieb die Frankfurter Allgemeine Zeitung einen am 17. Februar 2011 in ihrem Feuilleton publizierten Artikel Orhan Tekelioğlus, der die Proteste gegen diese Serie aufgriff und sie aufgrund der gegenwärtigen Befindlichkeit der Türken deutete. Der Verfasser, Professor für Kommunikationswissenschaften an der Bahçeşehir-Universität Istanbul, sieht in ihnen ein Identitätsproblem, das heißt die alles beherrschende Frage auch noch der Türken von heute: Wer sind unsere Ahnen, und wer sind demzufolge wir? Die Serie zeigt den Weltbeherrscher Süleyman auch als Mann, die Sultanin Roxelane als Frau, beide als Menschen, zum Beispiel auch als Liebespaar beim Küssen, in Stunden der »Schwachheit«. Haremsszenen werden realistisch dargestellt. Auch erfährt der Zuschauer, dass im Vielvölkerstaat der Osmanen kaum ein Sultan »rein« türkisches Blut in sich trug, denn die Mütter waren häufig Frauen aus allen Teilen des Reiches, häufig aus dem Kaukasus oder gar aus Armenien. Griechinnen und Tscherkessinnen gehörten dazu. Besonders für die Nationalisten ist dies schwer zu verdauen, denn ihr Gesellschaftsmodell hat so gar nichts von der ethnischen (und auch religiösen) Offenheit des alten Reiches. Und die Zuschauer mochten auch nicht, dass hier einer ihrer Großen als Mensch dargestellt wird, mit allen seinen Stärken, aber auch Mängeln. Tekelioğlu schreibt: »Bisher ist der Sultan immer ein Herrscher gewesen, der, selbstverständlich auch noch als Kalif, mit dem Schwert in der Hand von einem Feldzug zum nächsten stürmte – er dachte einzig an die Eroberung der Welt.« Selbst Ministerpräsident Erdoğan übte Kritik an der Serie.

In den Geist jener Zeit sich hineinzuversetzen, sich jenseits von ideologisch gefärbten Geschichtskonstruktionen und polternder Propaganda der Mentalitätsgeschichte, auch dem inneren Rhythmus dieses Reiches zu stellen, ihn zu verstehen – davon ist die heutige Türkei noch weit entfernt. In den europäischen Ländern sind solche Vermenschlichungen und Entmystifizierungen in der Kunst wie auch in der Wissenschaft längst gang und gäbe. Die Beschäftigung mit den Poesien Yahya Kemal Beyatlis, in denen diese Mentalität im besten Sinne »aufbewahrt« ist, könnte vieles zur Vertiefung eines unverkrampften Verständnisses der »alten Türkei« beitragen. Und dies, wiederum, könnte Anlass sein für ein Überdenken jenes monolithisch-nationalistischen Staatsdenkens, das noch immer die raison d'être der Türkei ist und außerhalb bisweilen Verstörung hervorruft.

Gewiss: Auch in Yahya Kemals Dichtungen ist oft von Stolz die Rede, die alte Geschichte wird, bevor ihr gegenüber ein elegischer Ton angeschlagen wird, gefeiert. Aber sie kann nach seiner Auffassung nicht wiederholt werden. Wahrscheinlich wäre der Diplomat Kemal Beyatli mit manchen Facetten der Politik nicht einverstanden, welche die Türkei seit dem Entstehen und Erstarken der islamisch-konservativen Partei für Gerechtigkeit und Aufbau (AKP) und ihres Umfeldes seit der Jahrtausendwende betreibt. So sehr diese Partei für ein Milieu steht, das lange Zeit von der modernen Elite in arroganter Weise verachtet und vernachlässigt wurde, so dass dieses Lager heute die Quittung serviert bekommt, so sehr muss man andererseits gegen deren unkritischen Lobpreis des Osmanentums protestieren. Auch den Männern der AKP ist es nicht gelungen, sich selbstkritisch manchen eklatanten Schwächen und Mängeln des Osmanli Imparatorluğu zu stellen, andererseits aber – trotz einiger Anstrengungen – sich die »Multikulturalität« und »Multiethnizität« dieses versunkenen Reiches zum Vorbild zu nehmen.

Ein größerer Realismus in Bezug auf die Osmanen, verbunden mit Empfindungen der Empathie, hat in der Türkei eine Zukunft. Jetzt, da diese Zeilen geschrieben werden, liegt in den Buchhandlungen gerade Ahmet Ümits Roman »Sultani öldürmek« – »Den Sultan töten« in den Auslagen. Das Thema hat schon Konjunktur und wird auch weiterhin präsent bleiben. Bis hinein in die Ikonographie eines mehr oder weniger profanen Alltags, das heißt bis hin zu Plakaten oder in die Fernsehwerbung hinein sind die Osmanen schon vorgedrungen. Und als der letzte Spross des Hauses Osman (Hânedan-e Al-e osman), Ertuğrul Osman, der 1912 noch in der alten Türkei geboren war, im Jahre 2009 in Istanbul begraben wurde, war der Andrang groß.

Dank der Beharrungskräfte der Geschichte, aber auch dank der Menschen und ihres Handelns sowie ihrer Gewohnheiten ist Istanbul auch heute noch eine kosmopolitische Stadt. Aber jenen Charme, den sie zu Zeiten des Dichters hatte – darin dem Alexandria vor Ausbruch der arabisch-nationalistischen Welle gleichend –, hat sie doch eingebüßt. Viele Türken bedauern die Vorkommnisse der Vergangenheit, empfinden den weitgehenden Verlust der Minderheiten als großes Manko. Wer heute durch Pera und Galata, durch Beyoğlu schlendert, deren Häuser, Straßen und Gassen das alte Istanbul der Minderheiten atmen, der Venezianer und Genuesen, der Pisaner und Amalfitaner, der Armenier und Griechen, der Botschaften aus aller

Welt (die jetzt Generalkonsulate sind), erfasst noch einen Abglanz davon. Erst allmählich erhält das Viertel um den historischen Galata-Turm (Galata kulesi) wieder ein wenig von jener Atmosphäre zurück; weltoffene türkische Künstler haben sich dort niedergelassen und bringen internationales Flair mit, locken es vielmehr an. Doch dies korreliert andererseits mit der modernen Sightseeing-Welt des Tourismus und ihren Bedürfnissen.

Der zeitgenössische türkische Lyriker Ilhan Berk (1918–2008) hat in hohem Alter mit zwei originellen Bänden, ganz im Sinne Yahya Kemals, diese Vergangenheit für unsere Tage wieder lebendig gemacht: In »Galata« (1985) und »Pera« (1990) fügte er von diesen beiden Vierteln inspirierte Verse und Prosastücke mit Plakaten, Stadtplänen und Speisekarten der Hotels und Cafés zu einer Collage zusammen, die ein buntes Bild jener Viertel der Minderheiten zeichnet, die heute fast ausschließlich von Türken bewohnt werden. Berks Arbeiten sind weniger einer Nostalgie als vielmehr einer historischen Aufarbeitung geschuldet, zu der auch Beyatlis Werk Anlass gibt. Dass Yahya Kemal und etliche seiner Dichterfreunde, wie Tanpinar und Hisar, es liebten, durch die alten Stadtviertel Istanbuls zu streifen, verdankten sie nicht zuletzt, wie Orhan Pamuk aufzeigte, europäischen Autoren und deren anregenden Werken über die faszinierende Stadt am Bosporus. Die wichtigsten von ihnen waren wohl Théophile Gautier (1811–1872), Gérard de Nerval (1808–1855) und, natürlich, Gustave Flaubert (1830–1889), dessen Aufzeichnungen über den Orient insofern besonders interessant sind, als sie für einen schwärmerischen »Orientalismus«, wie Edward Said (1935–2003) ihn in seinem berühmten Buch (»Orientalism«, erschienen 1978) rügte, wenig hergeben. Flaubert war zu sehr Realist, um Tagträumen à la Pierre Loti (1850–1921) nachzuhängen. Letzterer hatte mit dem Briefroman »Aziyadeh« und anderen Werken in der Tat einem eskapistischen Orientalismus gefrönt, der sich von tieferen Werken über den Orient stark abhob.

Yahya Kemal begab sich also auf die Spuren der »Westler«, wenn er das Atik-Valde-Viertel und andere »mahalleler« durchschlenderte. Und schon bei diesen Autoren stieß er auf jene Stimmung, die seither für Konstantinopel/Istanbul beinahe sprichwörtlich geworden ist: Hüzün. Dies ist ein türkisches, aus dem Arabischen stammendes Wort, das nur auf den ersten Blick leicht zu übersetzen ist. »Trauer« trifft es schon, ist aber zu wenig – oder auch zu viel. Melancholie (karasevda) schwingt ebenso als Bedeutung mit wie Pessimismus; freilich nicht in jener Form, die das Gegenteil von Optimismus meint, sondern als Bewusstsein von der Vergeblichkeit und auch Vergänglichkeit alles Irdischen. Grundiert wird dieses Lebensgefühl vom Geist der islamischen Mystik, die in Istanbul an vielen Stellen gepflegt wurde und die Menschen tief beeinflusst hat. Auch Pamuk sieht in Hüzün bis heute das Wesen der Stadt Istanbul ausgedrückt und erfasst. In seinem »Museum der Unschuld« (»Masumiyet Müzesi«) hat er versucht, die Flüchtigkeit der Zeit und des Lebens – kurz: Hüzün – aufzubewahren – wie Yahya Kemal Beyatli in seinen Poesien.

In Sinne des traditionellen, nur noch teilweise vorhandenen Kosmopolitentums, der Multiethnizität und -kulturalität ist auch der Roman »Istanbul war ein Märchen« (»Istanbul bir masaldi«) von Mario Levi verfasst worden, der das alte multikulturelle Konstantinopel als Erbe der Sultane heraufbeschwört und seinen Untergang beklagt. Levi gehört der jüdischen Minderheit an, die neben Türkisch auch Spaniolisch oder Ladino sprach. Ihre Zahl in Istanbul ist auf ein kaum noch signifikantes Maß gesunken. Auch dies ist ein ferner, leider fast verklungener Nachhall alter, von Yahya Kemal Beyatli in seinem Werk aufbewahrter Zeit. Dass die türkischen Intellektuellen heute zu solchen »Ausgrabungen« im Wort nicht nur fähig, sondern auch bereit sind, lässt auf eine bessere Zukunft des Landes hoffen.

Nationalistische Dichtung der Türkei im Übergang vom Osmanischen Reich zur Republik

In osmanischer Zeit haben türkische Dichter nicht selten den »Heldentod« besungen – unter religiösen Gesichtspunkten, die der Ideologie des »Gazitums« und des cihad, des Krieges um des Glaubens willen, verpflichtet waren, der Lehre von der religiös inspirierten Kampfbereitschaft und dem Märtyrertum (şehitlik). Nationales Pathos spielte dabei keinerlei Rolle, weil es im multiethnischen und multireligiösen, aber islamisch beherrschten Universalreich der *Osmanli* schlichtweg nicht vorhanden war. Tapferkeit galt nicht als nationale, sondern vor allem als eine religiöse Tugend. Erst in der letzten Phase des Reiches begann sich diese Vorstellung einer religiös inspirierten Tapferkeit allmählich mit einem Patriotismus (vatanperverlik) zu mischen, der mehr und mehr auch nationale Töne anzunehmen begann. Auch Mustafa Kemal Atatürk, der weltlich bis agnostisch eingestellte Gründer der Türkischen Republik, bekam später immerhin den ehrenden Beinamen »Gazi«, Glaubenskämpfer.

Es ist nun interessant zu sehen, dass auch in der Zeit der Republik, die mit der islamischen Staatsreligion prinzipiell brach und den Islam wenigstens theoretisch zur reinen Privatsache machen wollte, dieser Ton von vielen Poeten beibehalten wurde, nun allerdings ganz ins Nationalistische gewendet, doch auch mit Anspielung auf die religiöse Nomenklatur. Wir sahen, dass auch Yahya Kemal Beyatli, obwohl im Ton eher abgewogen und stärker historisch fixiert, manchmal sogar verschlüsselt, die früheren Eroberungen der Osmanen in seinen Gedichten selbstbewusst thematisierte. Viele seiner Zeitgenossen setzten das fort, und zwar mit einer ausgesprochen nationalen, um nicht zu sagen nationalistischen Zielrichtung: Dieser alt-neue Ton war den Zeitläufen geschuldet, die für die Türkei nach dem Ende des Osmanischen Reiches fast tödlich ausgegangen wären. Denn die westlichen Mächte, Engländer, Franzosen, Italiener, nicht zu vergessen die Griechen, hätten den Restbestand des letalen Imperiums fast zur Gänze unter sich aufgeteilt, wenn Mustafa Kemal Atatürk nicht gewesen wäre. Dieses Trauma, das man mit Mut und auch militärischer Stärke überwand, gilt es bei der Bewertung dieser Art von Dichtung, die heute viele mit Recht befremden mag, zu berücksichtigen. Noch immer hat es ein zivileres, weniger nationalistisches Denken schwer in der Türkei, wie viele Intellektuelle in den vergangenen Jahrzehnten leidvoll erfahren mussten, als man ihnen wegen kritischer Äußerungen zur eigenen Geschichte, die in unseren mitteleuropäischen Breiten längst selbstverständlich geworden sind, die Justiz auf den Hals hetzte. Selbst eine internationale Größe der Literatur wie Yaşar Kemal blieb davon nicht ausgenommen, und sogar der Nobelpreisträger Orhan Pamuk sollte ja einmal wegen »Beleidigung des Türkentums« angeklagt werden.

Ein großer Teil dieser Gedichte, deren Sinn es war, das Bewusstsein für die neue türkische Nation (Türk milliyetçilik) zu wecken und sie zu verteidigen, muss uns heute dennoch zutiefst verstören. Solche Töne sind uns fremd geworden, ja sie stoßen uns sogar ab; doch zeigt sich eben, dass der allergrößte Teil der Dichter, die auch heute noch einen guten Namen haben, sich für dieses Ziel engagierte. Sie sahen keine Alternative zu dieser nationalen Selbstbesinnung und Selbstbestimmung. Ihre Gedichte sind somit Dokumente, die die Mentalität jener Jahre des fast totalen Umbruchs mit seinen politischen wie kulturellen Bedürfnissen widerspiegeln. Bedeutende Poeten waren darunter, denen man auf den ersten Blick gar nicht zutrauen würde, dass sie solche nationalistischen, ja bisweilen sogar martialischen Töne anschlagen würden, die auf uns Heutige – zumal nach den nationalsozialistischen und faschistischen Katastrophen des 20. Jahrhunderts – in der Regel befremdlich wirken. Doch gehören sie untrennbar zur Geschichte der modernen Türkei, eines Staates, der in den zwanziger Jahren erst erfunden und in den Dreißigern dann aufgebaut werden musste – eine neue Kultur eingeschlossen. Dies relativiert manchen Ton ein wenig.

Fast alle Gedichte, die hier vorgestellt werden, wurden dem im Jahre 1967 erschienenen Band »Türk kahramanlık şiirleri antolojisi« – etwa: »Gedichtesammlung über das türkische Heldentum« – von Osman Attilâ entnommen. Er zeigt, wie hoch auch heutzutage Patriotismus, ja Nationalismus noch immer im Kurs stehen, denn ähnliche Anthologien werden noch heute verkauft. Der Nachhall der »Kampfzeit« zu Beginn des vorigen Jahrhunderts und in den ersten Dezennien danach ist noch recht laut, die Stellung der Armee in der türkischen Gesellschaft noch immer bedeutend, und der Nationalismus (milliyetçilik) noch immer durchgängiges Prinzip der Politik, getragen von weiten Teilen der Bevölkerung links wie rechts. In einer politischen Formation wie der Partei der nationalistischen Bewegung (MHP) wird der nationalistische Kult in seiner extremsten Form zelebriert. Die Dichter freilich können sich gegen einen solchen Missbrauch nicht mehr wehren.

Zu den Schullektüren bis heute gehört zum Beispiel ein Gedicht, das ganz offenkundig den Nationalen Befreiungskrieg gegen die Griechen (1919–1922) feiert, aus dem dann 1923, nach dem Sieg, die Türkische Republik hervorging. Sein Verfasser gehörte zu jenen, denen die lehrhafte Tendenz von Gedichten wichtig war; Poesie galt ihm als Mittel zur Schaffung eines nationalen-republikanischen Bewusstseins. Die beiden ersten Verszeilen haben fast kultischen Charakter angenommen. Das Gedicht heißt:

Anadolu'dan bir ses veya cenge giderken /
Eine Stimme aus Anatolien oder Auf dem Weg in den Kampf

Ben bir Türk'üm dinim, cinsim uludur,
Sinem, özüm ateş ile doludur …

Ich bin ein Türke, groß mein Glaube, mein Geschlecht,
meine Brust, meine Seele sind von Feuer erfüllt.
Knecht des Heimatlands der Menschen bin ich:
Türkenkind bleibt nicht zu Haus: Ich geh!

Vom Buch des großen Schöpfers lass ich nicht,
auch von der Fahne Osmans lass ich nicht,
den Feind in meine Heimat lass ich nicht:
Das Gotteshaus wird nicht zerstört: Ich geh!

Der Herd der Ahnen ist ja diese Erde,
mein Haus mein Dorf sind dieses Ortes Eigentum,
hier ist das Vaterland! Hier Gottes Land:
Das Vaterland braucht Männer nur: Ich geh!

Als Märtyrer, mein Gott, in aller Munde,
die Liebsten meines Volks in meinem Innern,
was anders als die Heimat hab ich nicht im Blick
Das Brautbett nicht dem Feinde preis: Ich geh!

Die Tränen trockne ich mit meinem weißen Hemd,
mein Messer wetze ich mit dem Schleifstein,
des Vaterlandes wegen wünsche ich Erhöhung
Auf dieser Welt bleibt niemand ewig: Ich geh!

Mehmed Emin Yurdakul

Gedichte dieser Machart haben Vorläufer schon in spätosmanischer Zeit, wobei – wir sagten es schon – der Patriotismus in vielen Fällen noch ein osmanischer war. Als bekannteste Stimme dieses Vorläufergenres kann wohl Namik Kemal (1840–1888) gelten, der gefeierte Vorkämpfer der Jungtürken. Kemal, in Tekirdağ am Marmara-Meer geboren, nahm für seine politischen Ideen das zeitweilige Exil in Europa und die innerosmanische Verbannung in Kauf. In Gazimagosa (Famagusta), das heute zur Türkischen Republik Nordzypern gehört, erhebt sich neben der Lâlâ Mustafa Pascha-Moschee (der ehemaligen Kathedrale aus der Zeit der Lusignan) auf weißem Sockel eine Büste des Dichters, denn hier verbrachte er eine Zeit der Verbannung, nachdem er unter Sultan Abdulhamid II. in Ungnade gefallen war. Einige Schritte weiter erinnert ein Museum an den Autor: Manuskripte und persönliche Gegenstände sind dort zu besichtigen.

Namik Kemal war Dramatiker und Lyriker, schuf jedoch auch Prosawerke, wie seine Große Geschichte des Islams (Büyük Islam Tarihi), die erst postum erschien. Vor allem in den Gedichten und im Drama verfocht der Dichter zwei zentrale Ideen: Freiheit (hürriyet) und Vaterland (vatan). Seine Freiheitsideen waren von Europa beeinflusst, er war ein Anhänger von Parlament und Konstitution, denen unter dem »roten Sultan« Abdulhamid II. nur ein ganz kurzes Leben beschieden war. Da Kemal schon mit 48 Jahren starb, konnte er die Absetzung Abdulhamids und die Wiedereinsetzung des Parlaments, das dieser nach Hause geschickt hatte, im Jahre 1908 nicht mehr miterleben. Kemals Patriotismus war ein osmanischer Patriotismus (osmanlilik), kein türkischer. Unter »vatan«, dem Vaterland, einem westlichen Begriff aus dem Umkreis der Französischen Revolution (patrie), verstand er denn auch ein freiheitliches Osmanentum, das alle »Völker« des Reiches in einer gerechten, liberalen Ordnung vereinen sollte – nicht mehr gegängelt durch den Despotismus (istibdad) des allmächtigen Sultans. Dieser Despotismus, das sultanische Autokratentum, erlebte gerade unter Abdulhamid II. einen besonderen »Höhepunkt«; voller Misstrauen gegen alle und jeden, geplagt von der Furcht, man wolle ihn vergiften, umgeben von einem Heer von Zuträgern und Spitzeln ließ der Herrscher einsperren und verbannen, wie es ihm gerade gefiel. Fast alle bedeutenden Geister dieser Ära waren davon mehr oder minder intensiv betroffen. Eine traurige Klimax erreichte diese Entwicklung, als Abdulhamid den begabten Politiker Midhat Pascha erst ins Exil nach Taif (heute Saudi-Arabien) verbannte und dann dort auch noch ermorden ließ.

Namik Kemals »Verbrechen« bestand in der Abfassung eines patriotischen Dramas mit dem Titel »Vatan yahut Silistre« – »Das Vaterland oder Silistra«. Eine Liebesgeschichte der beiden Helden und die Tapferkeit der osmanischen Soldaten im Kampf um die Festung Silistra in Bulgarien bilden den Hintergrund dieses Bühnenstücks, in dem der Dichter bürgerliche Freiheiten um des freien Vaterlandes willen fordert. Die Uraufführung im Agop-Theater zu Istanbul geriet für den Dichter nicht nur zu einem triumphalen Erfolg, sie riss die Menschen zu einer bis dahin nicht gekannten Begeisterung hin, so dass das Publikum nach dem Ende der Vorstellung unter dem Skandieren von Freiheitsparolen nach draußen stürmte – zum Leidwesen des Sultans und seiner Geheimpolizei.

Eines der bekanntesten Gedichte Kemals, das noch heute jeder türkische Schüler kennt, handelt von der Tapferkeit, die man für das Vaterland aufbringen muss. Und die erste Zeile ist ein Zitat geworden, das so populär wurde wie Zeilen Goethes oder Schillers in Deutschland:

Vatan şarkisi / Lied vom Vaterland

Amâlimiz efkârimiz ikbâl-i vatandir
Serhaddimize kal'a bizim hâk-i bedendir ...

Unsere Hoffnungen, unsere Gedanken gelten dem Glück des Vaterlands,
mit unseren Körpern, festungsgleich, beschützen wir unsere Grenze;
Osmanen sind wir, das blutige Leichentuch ist unsre Zier,
im Kampf als Märtyrer zu sterben, ist Wunsch uns und Begier,
Osmanen sind wir, das Leben geben wir, der Ruhm ist unser.

Auf unsrer Fahne prangt der Säbel rot von Blut,
auf unsren Bergen, Ebenen kennt man keine Furcht,
in jedem Winkel unsrer Erde ruht ein Löwe.
Im Kampf als Märtyrer zu sterben, ist Wunsch uns und Begier,
Osmanen sind wir, das Leben geben wir, der Ruhm ist unser.

Wer den Namen »Osman« hört, erinnert sich der Furcht,
der Ahnen Größe ist der ganzen Welt bekannt.
Die Schöpfung hat sich nicht verändert, es ist dasselbe Blut.
Im Kampf als Märtyrer zu sterben, ist Wunsch uns und Begier,
Osmanen sind wir, das Leben geben wir, der Ruhm ist unser.

Lasst die Kanonen feuern, getroffen sei, was um uns ist,
allen Brüdern, die da sterben, sei das Paradiesestor geöffnet,
Was auf der Welt hält uns, dass wir dem Tod entfliehen?
Im Kampf als Märtyrer zu sterben, ist Wunsch uns und Begier,
Osmanen sind wir, das Leben geben wir, der Ruhm ist unser.

Zu Lebzeiten Namik Kemals sah sich das Osmanische Reich längst als ein Objekt imperialistischer Begierde. Die meisten europäischen Großmächte, vor allem jedoch Russland, wollten den »kranken Mann am Bosporus« – so hatte Zar Nikolaus I. das Osmanische Reich tituliert – in die Knie zwingen und zerstückeln. Das macht Kemals (und anderer) Aufrufe zu patriotischer Gegenwehr und Tapferkeit verständlich. Insbesondere die Balkanslawen setzten in ihrem Aufbegehren gegen den Sultan auf den Zaren und die panslawistische Bewegung. Hätte Kemal lange genug gelebt, hätte er noch erleben müssen, wie Konstantinopel praktisch alle seine balkanischen Besitzungen in den beiden Balkankriegen 1912/13 verlor – bis auf das östliche Thrakien, die Region um Edirne. Kemals Patriotismus war, wie wir schon sagten, ein osmanischer, noch kein türkischer; der Dichter wurde als einer der Jung-Osmanen (genç Osmanlilar) zum Vorläufer der Jungtürken (Jöntürkler), die zunächst ebenfalls seinem patriotischen Osmanismus huldigten, bevor immer stärker pantürkische, panturanistische Ideen bei ihnen Fuß fassten.

Der goldene Apfel – Eroberungen

Immer wieder auch muss die Eroberung Konstantinopels am 29. Mai des Jahres 1453 unter dem Sultan Mehmet II., genannt Fatih (der Eroberer), im Gedicht gestaltet werden. Bis heute gehören alljährliche Gedenkfeiern sozusagen zur raison d'être des türkischen Istanbul, aber auch der Türkei insgesamt. Mit der Erstürmung der Mauern der alten Kaiserstadt erreichten die Türken endgültig historische Weltgeltung, spielten jahrhundertelang

– obgleich in der Regel als Feind – auch mit im politischen Konzert der europäischen Mächte, schon wegen ihrer umfangreichen balkanischen Besitzungen. Vor allem die militärische Genialität Mehmets des Eroberers genießt die Wertschätzung eines Volkes, in dem militärische Tugenden, ja auch das Militär selbst noch heute weitaus angesehener sind als anderswo. Seit den Tagen der Jungtürken waren große Teile des Offizierscorps tatsächlich fortschrittlich ausgerichtet, und auch Atatürk war General. Bereits unter dem Sultan Selim III. hatte die Reformära zu Beginn des 19. Jahrhunderts mit einer Heeresreform (nizam-i cedid) begonnen. Erst ganz allmählich wird heute der Einfluss der Armeeführung auf die Politik zurückgedrängt.

Istanbul'un Fethi
Elliüçüncü gün

Bir kartal durur
Istanbul önünde,
Istanbul mor sularda yikanmaktadir ...

Die Eroberung Konstantinopels
Der 53. Tag

Ein Adler hält ein
Vor Istanbul
Istanbul wird in violetten Wassern gewaschen

Mein Eroberer lässt seine Schiffe
Über Land marschieren
Zum Goldenen Horn hinab
Das Goldene Horn ist trübe
Das Goldene Horn ist still
Das Goldene Horn
Fernab jeden Tobens
Ist reif

Mit Getöse
Werden diese Mauern beschossen
Rot färbt der Himmel sich
Blutig rot wird die Erde ...

Dreiundfünfzig Tage
Seit der Blitz vom Himmel fiel
In einem Augenblick barsten die Mauern

Nach vorne
Wurden die Janitscharen geworfen
In Istanbul wird ein Zeitalter geboren
Mit unendlichem Türkentum schwanger …

Vergebens Byzanz
Das heiße Wasser
Der Kessel mit Öl
Kanone Kugel und Schild
Hochzeit und Tod
Heute sind sie ganz eins.

Ibrahim Tekelioğlu

Akindan akina

Gece basti… Ova sanki bir kara zindan,
Titriyordu yer, gök adimlarin hizindan …

Von Streif zu Streifzug

Die Nacht sank herab … Wie ein schwarzer Kerker die Fläche
Die Erde zitternd von der Eile ihrer Himmelsschritte
Der Leutnant, spähend vom Ross herab, befahl: Immer vorwärts!
Wie aus einem Munde erschallten da die Kampfeslieder …
Wie ein schäumender Wasserfall strömten wir dahin
Wie früher schon war unser der Ruhm in diesem Land
Dreihundert Mann stark überquerten wir den Donaustrand
Auf den Bajonetten flammte die Rache unsres Heeres
Vom Blute tropfend fanden unsere Säbel nie die Scheide
Gott hat es so befohlen: Nie ohne Kampf der Türke bleibe!

Yusuf Ziya Ortaç

Der bekannte reformistische Lyriker widmet sich hier den sogenannten »Rennern und Brennern« (akinci), wie die christliche Bezeichnung für jene Irregulären lautete, die vor dem osmanischen Heer als

Streifscharen ihr Unwesen trieben und so Furcht und Schrecken verbreiteten. Auch Yahya Kemal Beyatli hat sie ja bedichtet. Yusuf Ziya (1895–1967) gehörte in der ersten Hälfte seiner Karriere als Dichter einer Gruppe von Poeten an, die man »Die Fünf Dichter der Silbe« (hecenin beş şairi) nannte. Ortaç war alles andere als ein Reaktionär, dennoch war ihm dieses in seinem Gedicht zum Ausdruck kommende Denken ein Anliegen, das die republikanische Türkei brauchte. Zu ihren ideologischen Grundbausteinen gehörte auch die Entdeckung Anatoliens, seiner Landschaft(en) und seiner Menschen, seiner Sitten und Gebräuche, was mehr und mehr von den Dichtern der jungen Türkei berücksichtigt wurde. Anatolien, das Land des Sonnenaufgangs, wurde dabei geradezu mystifiziert, zur Quelle von Kultur und Zivilisation, ja zur Türken-Heimat schlechthin erklärt:

Anadolu

Anadolu, koca Türklerin yurdu
Tugrul Beyin konağidir o eller …

Anatolien

Anatolien, Heimat der erhabenen Türken
Tugril Begs Wohnung ist dieses Land
Geboren und gewachsen ist dort unsere Nation
Unser Mutterschoß ist dieses Land.

Nie soll der Held vergessen seine Herkunft
Von Anatolien aus überschritten wir die Grenzen
Der Väter Herdplatz ist dieses Land.

Dort wurde Grund gelegt für unseren Staat
Seelen wurden dort genommen und verkauft
Auf seiner Ebene wurden die Waffen geschärft
Wohnstatt der Tapferen ist dieses Land.

Alle Glaubenkämpfer kamen und gingen hier
Aus jenen Bächen tranken sie und reinigten sich
Eroberten Länder und zogen weiter
Der Raum der Heiligen ist dieses Land.

Riza Tevfik Bölükbaşi

Der Dichter betreibt in diesem Poem eine Aufwertung Anatoliens, das seit Atatürks Befreiungstat zum aufstrebenden Nationalstaat gehörte. In osmanischer Zeit hatte nämlich vor allem – neben Istanbul – Rumelien (Rum eli) etwas gegolten, der europäische Reichsteil, während Anatolien vorwiegend als Bauernland und Quelle für die Rekrutierung von Soldaten angesehen wurde. Anatolien wurde ausgepresst. Unter Kemal Atatürk wurde Anatolien, das Herz des neuen Staates, innerhalb weniger Jahre propagandistisch drastisch aufgewertet – bis hin zu dessen Sprache und Volkskultur. Und Ankara, inmitten der Steppe gelegen, ein Nest mit damals 25 000 Einwohnern, wurde Hauptstadt.

Bölükbaşi (1869–1949) gilt als die Ikone der nationalen Dichtung (milli edebiyat), obgleich er als Mitunterzeichner des »Schandvertrages« von Sèvres das Land für zwanzig Jahre verlassen musste und in Jordanien im Exil lebte. Dieses Vertragswerk, das so viel Unheil stiftete, konnte von Atatürk drei Jahre später, im Vertrag von Lausanne (1923), revidiert werden – zum Glück für die Türkei. Geboren in Cesramustafapaşa, heute Svilengrad in Bulgarien, stammte er selbst aus Rumelien, dem europäischen Reichsteil. Er war auch Philosoph und Politiker sowie Mitglied einer Freimaurerloge. Da er die silbenzählende Dichtung (hece vezni) als das »nationale Versmaß« favorisierte, wurde er zum Anreger für alle, die ihm darin folgten, ja zum Vorbild und Lehrmeister. Auf dem Felde der Philosophie (felsefe), einem Metier, das in der türkischen Geisteskultur bis dahin eine eher marginale Rolle gespielt hatte, war er ein Pionier. Bölükbaşi schuf eine idealistische Philosophie auf islamischer Grundlage.

Bayrak

Şehirlerden şehirlere
Uçtu kuş gibi bir haber.
Bayraklar açmada fecre
Şarkinin her vardığı yer …

Die Fahne

Von Stadt zu Stadt
Flog eine Nachricht vogelgleich:

Die Fahne dem Morgenrot entgegen
Wohin ihre Weise gelangt.

Unter den nackten Füßen
War plötzlich die Steppe nur
Marschiere, unter der Fahne
Marschiere, die Trommel schlage.

Eine Kugel trifft den ganz vorn
Die Fahne nimmt dann der Zweite
Und der Jüngste unter den Helden
Fiel dann am Ende des Abhangs.

An einen gebrochenen Ast
Erinnert der Mensch, kaum geboren
Und sterben wird er, wie dem auch sei
An der Stirne Wunde bist du gestorben.

Weder in der Erde begraben
Noch von der Seele befreit
Lachend des ständigen Tods
Unter der Fahne zu sterben bereit.

Ahmet Muhip Dranas

Dieses Gedicht des durchaus angesehenen Lyrikers und Dramatikers Dranas (1909–1980) feiert den Heldentod unter der Fahne in einer Weise, die heute nicht mehr vermittelbar ist. Die unzähligen Nationalisten freilich dürften immer noch in dieser Weise empfinden – obwohl der Dichter hier wahrscheinlich nur an den einfachen Mehmetçik dachte, der oft barfuß in den Kampf zog, weil er gar kein Schuhwerk hatte, und von seinen Vorgesetzten auf schamlose Weise »verheizt« wurde. Darüber gibt es erschütternde Berichte aus dem Ersten Weltkrieg.

Bekliyoruz

Yüce dağlardan esen
Bir sel gibi diriyiz …

Wir warten

Wie ein Sturzbach kräftig
Der von hohen Bergen wallt
Mit den Blitzen kämpfend
Sind wir die berühmten türkischen Helden.

Aus edlem Geschlecht gekommen
Gaben wir der Welt das Licht
Durch unsere Stärke erhöht
Kennt der Türke keine Furcht.

Ehrbar sind wir und immer oben
Unsere Tage sind von Glauben erfüllt
Eine unteilbare Einheit sind wir
Geben als Türken den Weg nicht frei.

Vehbi Cem Aşkun

Diese Zeilen des 1909 in Sivas geborenen und 1979 in Istanbul gestorbenen Dichters geben wieder, was die Mehrzahl der Türken auch noch heute von sich denken dürfte.»Stärke, Ehre und Glaube«, oft noch in einem recht archaischen, ja atavistischen Sinne verstanden, machen nach dieser Auffassung den»Geist« des türkischen Volkes aus, das unbesiegbar ist. Und beschworen wird dessen»Einheit«, gegen die Bestrebungen, das Land zu teilen. Die Furcht vor territorialer Zerstückelung verhindert noch heute einen seriösen Dialog etwa mit den Kurden oder Armeniern. In unseren Tagen behindert solches aus der Furcht geborene Denken noch dazu eine generelle Weiterentwicklung der Gesellschaft und auch des Nation-Begriffes hin zu Pluralismus und Offenheit.

Türkiyem dile geldi

Ben Edirneyim
Bir uçtan bir uca çarşi
Yüzyillarin ardindan sesleniyorum
Dosta düşmana karşi …

Über meine Türkei

Ich bin Edirne
Ein einziger dauernder Markt
Nach langen Jahrhunderten
Rufe ich Freund und Feind entgegen.

Ich bin Ardahan
Pulsierend meine Hand, Blut in den Adern
In meinem Kopf weht ein Wind
Von Zeit zu Zeit.

Ich bin Tschaldiran
In vielen Sprachen erklingt mein Lied
Vor meinen Augen Staub und Rauch
Die Armeen ziehen vorbei.

Ich bin Zonguldak
Land, wo die Schornsteine rauchen
Die Strecken kürzer werden
Ganz erstaunlich.

Ich bin Ankara
Das Herz von fünfundzwanzig Millionen
Meine Regierung wechselt, mein Lied erklingt
Vom Orient bis in den Westen.

Ich bin die Türkei
Land, das ich nicht aufgebe
Wie könnte ich das,
Gebunden, wie ich bin,
An den Türken
An Atatürk?

Özbek Incebayraktar

Dieses Gedicht, hier leicht gekürzt, eines strengen Kemalisten und Lehrers, der lange im südlichen Anatolien (Isparta) unterrichtete, ist das unverfänglichste der bisher vorgestellten. Es spielt auf die Geschichte und die »Eigenschaften« der genannten Städte an: Zonguldak, Zentrum des Bergbaus: Çaldiran, Schauplatz vieler Kämpfe, am bekanntesten durch die Schlacht 1514 zwischen Sultan Selim I. und Schah Ismail von Iran; Ankara, das inmitten der Steppe liegt und somit im Herzen des anatolischen Landes und Bauernvolkes. Zu einer Nation im modernen Sinne musste das alles erst zusammengeschweißt werden. Die Türken und Atatürk, ihr »Vater«, gehören untrennbar zusammen. Man könnte solcherart Dichtung als *nationalen Realismus* (milliyetçi gerçekçilik) bezeichnen – als Pendant etwa zu dem *sozialistischen Realismus (*sosyal gerçekçilik*)*, der zur selben Zeit ebenfalls fröhliche Urständ feierte und ähnlich problematisch war.

Und immer wieder Istanbul

Gleichwohl ist interessant zu sehen, dass trotz der historischen Drehwende um 180 Grad, welche die Türkei vorgenommen hat, das alte Istanbul / Konstantinopel dichterisches Objekt der Begierde geblieben ist, während die neue Hauptstadt Ankara von den Poeten nur selten gerühmt wurde. Unter dem nationalen, ja nationalistischen Firnis schimmert eben allezeit die glanzvolle Geschichte der Stadt am Bosporus hindurch. Die Zahl der Poeten, die auch noch in unserer Zeit Istanbul »bedichtet« haben, ist Legion. Zu ihnen gehört etwa Bedri Rahmi Eyüboğlu (1913–1975), dessen langes, ausschweifendes Poem »Istanbul Saga« (»Istanbul destani«, vgl. Lerch, *Laute Osmans*, 2003) schon ein moderner Klassiker geworden ist. Auch Orhan Velis berühmtes Gedicht »Ich höre Istanbul« (»Istanbul'u dinliyorum«) gehört zu diesem Genre. In solchen wie in zahlreichen anderen Werken zeigt sich, dass auch die republikanisch gesinnten Türken in der Lage waren und sind, jene gewollte Verengung des Horizonts, die unter Atatürk aus pragmatischen Gründen einen guten Sinn hatte, wieder aufzusprengen und auch die alte Stadt der Sultane, wie auch das Osmanische Reich selbst, in eine durchaus national gestimmte, doch weniger chauvinistische Geschichtsvision einzubinden. In solcher offenen Wahrnehmung liegt denn auch die Zukunft des gesamten Landes.

Selbst als Angehöriger einer Minderheit, deren Schicksal sich wetterwendisch gestaltete, konnte so mancher patriotisch gesinnte Dichter die Sehnsucht und das Heimweh nach der Türkei und der alten Heimatstadt mit einem gewissen Patriotismus verknüpfen, wie etwa Beki L. Bahar, geboren 1927, eine Istanbuler Dichterin und Dramatikerin jüdischer Abkunft. In dem folgenden Gedicht preist sie nostalgisch die zwar nicht idealen, aber in vielem doch recht akzeptablen Formen des Zusammenlebens der drei monotheistischen Religionen im alten Reich, die durch die Zeitläufe sowie durch Hass und Verblendung ein Ende fanden:

Am Bosporus, in Ortaköy

Ein Dilemma
Eine Austreibung
Eine Flucht
Eine Wanderung
Eine Rückkehr

Mancher hat seine Sehnsucht erfüllt
Erreichte das Land der Osmanen
Allein von dir hängt alles ab
Meere voller Mysterien
Alle Straßen schweigend

Ein Ort am Bosporus gelegen
Ortaköy
Als Füße den Boden berührten
Fühlten die Lippen die Erde
Gesegnet das Land im Namen des barmherzigen Gottes
In den Blicken Dankbarkeit für Sultan Beyazit
Alle hörten eine heilige Stimme
Den Gebetsruf intonierend
Von einer Moschee

Eine Glocke läutet
Den Widerhall der Freiheit an dem Kreuz
Ein Kantor
Die Pizmonim singend
Auswendig

Der Knoten der Furcht
Im Frieden vereint
Nebeneinander
Jedes Heute und Damals
Nur wenige Schritte entfernt

Betrachten einander mit Mitleid
An Istanbuls Gestaden
Der Gebetsruf
Die Glocke
Der Kantor.

Der Stadtteil Ortaköy, den die Dichterin besingt, geschart um die zierliche Moschee, die seinen Namen trägt, gilt heute als ein besonders farbiges, auch tolerantes Viertel. Es bildet sozusagen einen Gegenpol zu Vierteln wie Fatih oder Eyüp, wo die besonders Frommen zu Hause sind. In Ortaköy aber leben in der Regel weder Frömmler noch Nationalisten. Und das Bild der Ortaköy-Moschee ist zur modernen Werbe-Ikone geworden, zusammen mit der ersten Bosporus-Brücke, die über Ortaköy hinwegführt. Die Erwähnung des Sultans Beyazit bezieht sich auf dessen Anordnung, eine Flotte auszurüsten, um verfolgte Juden aus dem wieder christlich gewordenen Spanien in die Türkei zu holen. Damals, nach 1492, flüchteten Tausende und Abertausende von Juden aus Andalusien in das Osmanische Reich, wo sie in Nordafrika, Palästina, in der Gegend von Izmir (Smyrna), in Konstantinopel und Saloniki (Selânik) eine neue Heimat fanden. Jahrhundertelang blühten diese Gemeinden, bis sie ein tragisches Geschick im Laufe einer brutalen Weltgeschichte verschlang.

Kaum einen türkischen Literaten gibt es, dem nicht Verse zu Istanbul und seiner tief in vergangene Epochen eintauchenden Geschichte eingefallen wären, der sich nicht – sei es aus persönlichen, sei es aus historischen Gründen – mit einer zu Poesie gewordenen Deutung des Wesens dieser Stadt und ihrer verschlungenen Zeitläufe auseinandergesetzt hätte. In vielen dieser Gedichte herrscht eine mehr oder weniger tiefe Melancholie, die von manchen, wie Orhan Pamuk, sogar als Trauer (hüzün) gekennzeichnet wird. Und immer schwingt bei allem Persönlichen auch die lange Geschichte dieser Stadt mit. Intensiv setzt sich etwa die 1941 in Istanbul geborene Dramatikerin und Lyrikern Melisa Gürpinar mit ihrer Stadt auseinander, deren Modernisierung sie ganz offenkundig nicht nur Positives abgewinnen kann. Doch eben dies gehört natürlich auch zu Hüzün, hat dieses Lebensgefühl schon immer bestimmt:

Istanbuler Frau

Ich bin in Istanbul geboren
Im Jahre neunzehnhunderteinundvierzig
Ich lernte sie kennen wie mich selbst.
Mit Istanbul wandelte ich mich.
Mit Istanbul verliebte ich mich
Und gab jede Liebe auf

Am Ende, schließlich, angelangt.
Meine eigene Geschichte hab ich erzählt.
Wenn man die Dinge näher betrachtet,
Bin ich die einzige, die sich auf dem Bild bewegt
Wie geheime Wasser um Byzantions Burg.

Wollte ich nun zurückkehren
In die Stadt meiner Geburt,
Wäre das ein Tagtraum
Oder der Instinkt einer Katze,
Die einen Platz zum Sterben sucht,
Wenn die Uhr des Körpers abgelaufen?

Ich bin in Istanbul geboren
Im Jahre neunzehnhunderteinundvierzig.
Meine Mutter stammte aus »gutem Haus«.
Stolz war sie
Und hatte einen Traum.
Ihr ganzes Leben lang war sie allein.
Wie eine vertrocknete Blume im Knopfloch
Trug sie ihren Stolz.
Erzürnt hatte sie mein Vater;
Für Jahre verbarg sie mich
In jenem Haus gegenüber dem Park.
Einer geringen Schwachheit wegen
Ließ sie ihn bezahlen, rachsüchtig,
Und er bezahlte zu viel.

Meine Brauen, sagt man,
Gleichen denen meines Vaters.
Einmal konnte ich ihn sehen
Bevor er starb.
Er war traurig,

Von den Kissen umstellt,
Einem zerbrochenen Krug glich er
Neben dem Brunnen
Viel hatte er zu sagen.
Ein wenig Hoffnung gab es noch.
Erstmals an diesem Tag trug ich eine Mütze
(ein großer Fehler war dies),
Um meine erste Liebe zu beeindrucken
Mit dem weißen Feder-Flitter
An meinem Hut.

Dann stürzte ein der staubige Turm der Zeit.
Leute starben oder verschwanden,
Wurden verhaftet oder verbannt,
Gingen ins Exil
Und vergaßen einander,
Verloren die Adressen unter den Wassern.
Noch immer wähne ich mich in Istanbul,
Doch meine Heimatstadt ist verschwunden.
Sie ging über Nacht.
Auf flog sie, so sagt man,
Auf dem Rücken eines Vogels,
Dessen Schwingen aus Beton.
Und wo, frage ich, ist ihr Meer?
Verschwunden auch
Wie ein Fremder im Totenhaus,

Mit unbekannten Gedanken.
Warum nur habe ich nichts gehört?
Vielleicht wurde ich taub
von meinem schweren Herzen
Und dem Stimmengewirr der Kinder
Und den Schreien der Poesie.

Was also kann ich noch sagen!
Nicht länger *ist* Istanbul
Seine Buchstaben in Unordnung geraten.

Zum Schluss sei noch eines der vielen Gedichte angefügt, die schon viele Jahrhunderte alt sind und die Stadt am Bosporus in ihrer gerade durch eine dreitausendjährige Geschichte erwachsenen Zeitlosigkeit feiern. Es ist weder nationalistisch noch religiös aufgeladen, preist die Stadt vielmehr als einen Ort gelungenen Lebens voller Schönheit. Verfasser ist der osmanische Hofdichter Ahmet Nedim (1681–1730), der typischste Repräsentant der sogenannten Tulpenzeit unter dem kunstsinnigen Sultan Ahmet III. Dieser politisch nicht bedeutende Herrscher der Osmanen hat sich mit seiner Bibliothek und den Gartenanlagen auf dem Gelände des geschichtsträchtigen Topkapi-Serails selbst das schönste Denkmal gesetzt.

Ode auf Istanbul

Istanbul, unvergleichliche Stadt du, Juwel ohne Gegenstück.
An zwei Meeren gelegen, in gleißend hellem Licht.
Ein Stein von dir, so denke ich, hat mehr Gewicht
Als alle glänzenden Schätze aus Iran.

Und lichter als der Sonnenstrahl, der unsre Welt erhellt,
Sind deine Gärten, Vorgeschmack göttlicher Freude,
Die schattigen Rosenbeete, von Liebesflüstern erfüllt –
Verblasst dagegen nicht das Paradies, das einst der Prophet
Verhieß?

Benutzte und weiterführende Literatur

Adak, Hülya / Glassen, Erika (Hrsg.): *Hundert Jahre Türkei. Zeitzeugen erzählen*, Zürich 2011.
Ahmad, Feroz: *Geschichte der Türkei*, Essen 2005.
Beyatli, Yahya Kemal: *Kendi Gök Kubbemiz*, Istanbul 2010.
Ders.: *Aziz Istanbul*, Istanbul 1964.
Ders.: *Edebiyata dair*, Istanbul (ohne Jahr).
Caner, Beatrix: *Türkische Literatur – Klassiker der Moderne*, Hildesheim, Zürich, New York 1998.
Faroqhi, Suraiya: *Geschichte des Osmanischen Reiches*, München 2000.
Gibb, E. J. W.: *Ottoman Literature. The Poets and Poems of Turkey*, New York 1901 (Nachdruck 2012).
Ders.: *Chrestomathie ottomane*, Istanbul 1857 (Exemplar von E. J. W. Gibb aus dem Bestand der britischen Botschaft zu Konstantinopel, im Besitz des Autors).
Gökalp, Ziya Mehmet: *Türkçülügün Esaslari*, (Türk klâsikleri) Istanbul 1990.
Hanioglu, M. Şükrü: *A Brief History of the Late Ottoman Empire*, Princeton 2008.
Hermann, Rainer: *Wohin geht die türkische Gesellschaft? Kulturkampf in der Türkei*, München 2008.
Horten, Max: *Lehrbuch der osmanischen Sprache, nach der Methode Gaspey-Otto Sauer*, Leipzig 1916.
Jung, Dietrich: *Turkey at the Crossroads. Ottoman Legacies and a Greater Middle East*, London, New York 2001.
Kirchner, Mark: *Geschichte der türkischen Literatur in Dokumenten*, Wiesbaden 2008.
Kreiser, Klaus: *Atatürk*, München 2009.
Lerch, Wolfgang Günter: *Zwischen Steppe und Garten. Türkische Literatur aus tausend Jahren*, München 2008 (über Yahya Kemal Beyatli vgl. besonders die Seiten 141–146).
Ders.: *Die Laute Osmans. Türkische Literatur im 20. Jahrhundert*, München 2003.
Levi, Mario: *Istanbul bir masaldi*, Istanbul 1999 (*Istanbul war ein Märchen*, ins Deutsche übertragen von Barbara Yurtdaş, Frankfurt am Main 2008).
Matuz, Joseph: *Das Osmanische Reich*, Darmstadt 1985.
Moser, Brigitte / Weithmann Michael W.: *Kleine Geschichte Istanbuls*, Regensburg 2010.
Ortayli, Ilber: *Osmanli'yi yeniden keşfetmek*, Istanbul (ohne Jahr).
Ders.: *Üç kit'ada Osmanlilar*, Istanbul (ohne Jahr).
Pamuk, Orhan: *Istanbul*, München 2003.
Pazarkaya, Yüksel: *Moderne türkische Lyrik*, Tübingen, Basel 1971.

Sagaster, Börte: *Reisender zwischen zwei Kulturen: Cenab Şahabeddins »Hacc Yolunda«*, in: Fürtig, Henner (Hrsg.): »Islamische Welt und Globalisierung. Aneignung, Abgrenzung, Gegenentwürfe«, Würzburg 2001, S. 159–178.

Schimmel, Annemarie: *Aus dem goldenen Becher. Türkische Gedichte aus sieben Jahrhunderten*, Köln 1993.

Şenocak, Zafer: *Der gebrochene Blick nach Westen. Positionen und Perspektiven türkischer Kultur*, Berlin 1994.

Spies, Otto: *Türkische Chrestomathie aus moderner Literatur*, Wiesbaden 1968.

Tanpinar, Ahmet Hamdi: *Yahya Kemal Beyatli*, Istanbul 1997.

Ders.: *Mücevvherlerin sirri*, Istanbul 1997.

Tibi, Bassam: *Aufbruch am Bosporus*, München, Zürich 1998.

Tröger, Gabriele / Bussmann, Michael: *Istanbul*, Erlangen 2009 (Reiseführer).

Tükel, Jale (Hrsg.): *Reise Textbuch Istanbul*, München 1987.

Ümit, Ahmet: *Sultani öldürmek*, Istanbul 2012.